Architekturführer Saarland

ARCHITEKTURFÜHRER SAARLAND 1981–1996

Herausgegeben vom Bund Deutscher Architekten · Landesverband Saar

Verlag „Die Mitte" · Saarbrücken 1997

Herausgeber:
Bund Deutscher Architekten BDA,
Landesverband Saar

Redaktion:	Berthold Breidt
	Wolfgang Fery
	Bernhard Focht
	Werner Huppert
	Manfred Schaus
	Norbert Zenner
Text und Umschlagentwurf:	Lutz Rieger
Redaktion und Gestaltung:	Karl August Schleiden
	unter Mitarbeit von Antje Fuchs
Satz und Lithos:	Satz & Weiss GMBH, Saarbrücken
Druck:	Krüger Druck + Verlag, Dillingen
	ISBN 3-921 236-80-0
	© by Verlag „Die Mitte" GmbH,
	Saarbrücken 1997

Die Deutsche Bibliothek –

CIP-Einheitsaufnahme

Architekturführer Saarland: 1981–1996 / hrsg. vom Bund Dt. Architekten,

Landesverband Saar – Saarbrücken: Verlag Die Mitte, 1997

ISBN 3-921236-80-0

Vorwort

Dieser Architekturführer setzt die erste Ausgabe aus dem Jahre 1981 fort. Beide erscheinen im Verlag „Die Mitte" und ergänzen sich gegenseitig.

Der jetzt vorliegende stellt wesentliche Bauten, Umbauten und Renovierungen aus den letzten 15 Jahren im Saarland vor. Ein Drittel ist aus preisgekrönten Architektenwettbewerbsentwürfen hervorgegangen. Im Rahmen der BDA-Architekturpreisverleihung 1983 und 1995 sind etliche Arbeiten ausgezeichnet und anerkannt worden.

Obgleich sich der Schwerpunkt der Bauaufgaben verlagert hat, entspricht die Grundhaltung der Gebäudeentwürfe der BDA-Grundsatzerklärung von 1981 „Architektur – die Kunst des Bauens in sozialer Verpflichtung":

– Architektur schafft das Milieu für menschliches Tun und Erleben.

– Architektur kann man nicht umgehen, weil sie uns umgibt. Wir leben in ihr und mit ihr, solange wir in der menschlichen Zivilisation leben. Sie ist ein Teil des menschlichen Bemühens, über die Zivilisation hinaus Kultur zu gewinnen.

– Architektur wirkt ständig auf menschliches Verhalten zurück, denn indem sie den Raum für menschliches Leben prägt, gestaltet sie dieses Leben mit. Architektur ist also nicht zweckfrei.

– Weil der Mensch ein soziales Wesen ist, wirkt Architektur immer zugleich als gebaute soziale Gestaltung.

– Eine Architektur, die den Menschen, die Gesellschaft und die Umwelt meint und ernst nimmt, muß sich um Verständlichkeit bemühen. Sie muß die Auseinandersetzung mit der Gesellschaft suchen. Sie muß kommunikative Angebote machen.

– Dies erst macht es möglich, daß die Gesellschaft sich mit der gebauten Umwelt identifizieren kann, indem sie ihre sozialen Angebote erkennt und annimmt.

Diese Sätze sind heute noch zutreffend, auch wenn sich während des letzten Jahrzehnts sonst viel geändert hat.

Bauen ist mit wachsenden finanziellen Problemen des Staates im wesentlichen ein Rendite-Thema privater Investoren geworden. Architektur wird nur noch selten als kulturelles und soziales Phänomen gewürdigt. Nicht nur der Staat, seine Repräsentanten, unsere Volksvertreter, alle Bürger verhalten sich weitgehend gleichgültig gegenüber der Qualität von Gestaltung. Das darf keine Grundhaltung werden, die der Baukunst in unserem Land keine Chance mehr läßt. Es wäre ein Verlust, wenn Millionen von Menschen ohne sie auskämen und nichts dabei vermissen würden.

Kunst, auch Baukunst, muß für die meisten von uns Teil unseres Lebens bleiben. Die Schnelllebigkeit unserer Zeit darf nicht dazu führen, daß keine gute Architektur mehr entstehen kann.

Aber wie werden Architektur und Architekten behandelt? Die Gesamtheit der Architektinnen und Architekten darf nicht mutieren zu wehrlosen und allzeit bereiten Erfüllungsgehilfen eines nur noch nach Rendite schielenden Kapitals, das das wichtige Attribut unserer sozialen Marktwirtschaft, nämlich das Soziale, längst ad acta gelegt hat.

Entwicklung ist erforderlich, um den sich laufend verändernden Bedingungen gerecht zu werden. Entwicklung eröffnet neue Möglichkeiten.

Dieser Architekturführer soll, auch und vor allem, eine Aufforderung an jeden sein, künftig daran mitzuwirken.

Ein Architekturführer, vielleicht nach weiteren 15 Jahren, wird zeigen, ob die Möglichkeiten genutzt wurden. Es ist alle Anstrengungen aller wert.

Lutz Rieger

BESCHREIBENDER KATALOG

STADTVERBAND SAARBRÜCKEN

Landeshauptstadt Saarbrücken

1
Wiederherstellung des Saarbrücker Schlosses mit Schloßplatz und Neubau des Historischen Museums
Saarbrücken, Schloßplatz 6

Bauherr:	Aufbaugesellschaft Saarbrücker Schloß Schloßplatz, Saarbrücken
Planung:	Schloß 1978–1987 Platz 1987–1989 Museum 1983–1991
Bauzeit:	Schloß 1982–1989 Platz 1989–1990 Museum 1992–1993
Architekten:	Gottfried Böhm, Köln; Nikolaus Rosiny, Köln; Klaus Krüger, Saarbrücken; Lutz Rieger, Saarbrücken

In einem Gutachterverfahren von den Obergutachtern ausgewähltes Gutachten

BDA-Preis 1995

Literatur: Baumeister 3/90

db deutsche bauzeitung 3/90, S. 50

Architektur und Wirtschaft Nr. 192

Das Saarbrücker Schloß, Hrg. Stadtverband Saarbrücken, Saarbrücken 1989

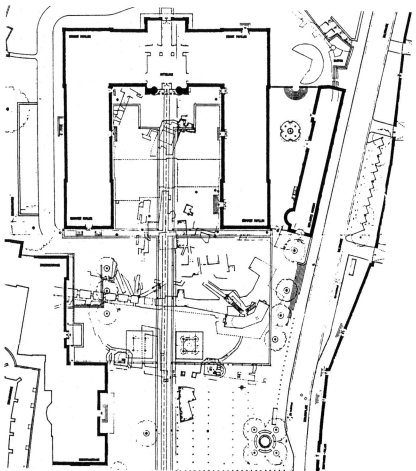

Die historische Mitte Saarbrückens auf dem Schloßfelsen, von vor 999 bis zum 17. Jahrhundert Burg, bis ins 18. Jahrhundert Renaissanceschloß, 1748 bis 1793 Barockschloß, während der französischen Revolution teilweise ausgebrannt, geplündert und zerstört, wurde 1810/11 unter Benutzung von zwei Geschossen des Schlosses zu einer dreigeschossigen Wohnanlage um- und wiederaufgebaut. Die dabei offengebliebene Mitte wurde 1872 durch den sogenannten Dihm-Bau geschlossen. In den ersten 20 Jahren dieses Jahrhunderts zog die Verwaltung des Landkreises Saarbrücken ein. Eine über die gesamte Schloßplatzbreite ausladende Freitreppe aus dem Jahr 1937/38 bescherte dem sich auf der Gebäudeachse Nähernden einen Visierbruch, der das ohnehin niedrig gewordene Schloß weiter versinken ließ. Ab 1969 mußten Bauteile wegen Baufälligkeit gesperrt werden.

Schloß mit Schloßplatz, Museum für Vor- und Frühgeschichte, VHS-Zentrum, Historisches Museum Saar mit Ausgrabungen

Mehr als weitere zehn Jahre vergingen, bis nach verschiedenen Umbau- und Rekonstruktionsvorschlägen eine Planung vorlag, die auch verwirklicht wurde. Die Juroren des BDA-Preises stellten 1995 fest: „Sowohl das Ziel, die frühere Stadtkrone wiederherzustellen, als auch der Dialog zwischen Alt und Neu sind die ganz großen Stärken dieses Gebäudes... Das Schloß mit der vorgelagerten großzügigen, angenehm zurückhaltend gestalteten Platzanlage bietet ganz hervorragende Aufenthalts- und Erlebnisqualitäten ..."

Die vielfältigen Nutzungen tun sicher das Ihre dazu: „Streit im Schloß", Stadtverbandssitzungen und andere Veranstaltungen im Festsaal, die kleine Bühne im Untergeschoß, Entdeckungsmöglichkeiten historischer Spuren aus den verschiedenen Zeiten inner- und außerhalb des Gebäudes, über und unter der Erde, die Fortsetzung im mehr als das Untergeschoß ausfüllenden Historischen Museum, der Ausblick vom Schloßgarten auf dem Schloßfelsen über die Saar nach St. Johann hinüber.

2
Museum für Vor- und Frühgeschichte
Saarbrücken, Schloßplatz 16

Bauherr: Stiftung Saarländischer Kulturbesitz
Bismarckstraße 11–19, Saarbrücken

Planung: 1988–1993

Bauzeit: 1990–1993

Architekt für den Umbau zum Museum:
Miroslav Volf, Saarbrücken

An der Nordseite des Schloßplatzes steht das neobarocke Kreisständehaus von 1906. Die beiden unteren Etagen waren zu einem Museum für Vor- und Frühgeschichte umzubauen.
Die Grundidee hierfür war, eine Reihe von Räumen zu schaffen, die durch die auf die jeweilige Zeit bezogenen Elemente einen eigenen Charakter bekommen: Römische Steindenkmäler werden auf römischen Ziegelestrich gestellt: Ein Durchgang wird zum Hügelgrab: Das Grab der Prinzessin ist eine enge Box:
Das sind nur einige Beispiele, die anregen sollen, weitere zu entdecken.

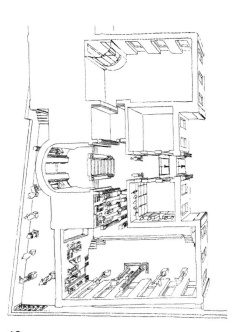

3
Restaurierung des Festsaales im Saarbrücker Rathaus
Saarbrücken, Rathausplatz

Bauherr: Landeshauptstadt Saarbrücken

Fertigstellung des Baues: 1907
der Restaurierung: 1988

Architekt des Baues: Prof. Hauberisser, München
der Restaurierung: Elmar Kraemer, Saarbrücken

Restauratoren der künstlerischen Ausmalung: Peter Laros, Fa. Derrix, Glasgestaltung

Literatur: Saarheimat, 33. Jg., 1/1989, S. 7–12

Das gemeinsame Rathaus für die vereinigten Stadtteile Alt-Saarbrücken, St. Johann, Malstatt und Burbach wurde im Stadtteil St. Johann vom Architekten des Münchner Rathauses errichtet, in den 20er Jahren an der Kaltenbachstraße erweitert und wird z.Zt. durch das sogenannte „Rathauskarree" zur Bahnhofstraße hin „gewendet", letzteres nach dem Entwurf des 1. Preises eines Architektenwettbewerbes.

Der offizielle Bereich mit Rathausplatz, Freitreppe und Eingang im Fuß des Turmes und Festsaal im 1. Obergeschoß, seitlich anschließend, bildet nach wie vor den Schwerpunkt, die offizielle Mitte. Das alles war Grund genug zur Sanierung der Gewölbedecke, zur Restaurierung der Festsaalinnenausstattung, zu Schallschutzmaßnahmen gegen Verkehrslärm vor dem Hause und zum Einbau von Kommunikationstechnik, Klimaanlage und Feuerschutz.
Das Ziel war: Pflege eines Denkmals.

4
**NMKI Institut für neue Materialien
und für künstliche Intelligenz
UPT Gesellschaft für umwelt-
kompatible Prozeßtechnik
PHF Philosophische Fakultät**
Saarbrücken, Stuhlsatzenhausweg,
Gebäude 43.6

Bauherr: Regierung des Saarlandes, vertreten
durch das Staatliche Hochbauamt

Planung: NMKI
        1. Bauabschnitt   1988–1989
        2. Bauabschnitt   1991–1992
        UPT   1994–1995
        PHF   1995–1996

Architekt: Elmar Scherer, Saarbrücken

Künstler: Oswald Hiery, Wallerfangen-Ihn

1. Preis eines Architektenwettbewerbes

Die baulichen Anlagen liegen am Kern der Campus-Universität, der ehemaligen Kasernenanlage, und bilden den baulichen Abschluß nach Norden. Nach Westen ist ein runder Kopfbau das sichtbare Zeichen für den aus Saarbrücken Kommenden. Entgegengesetzt liegt die Mensa. Das durch Kreis und Gegenkreis gebildete Zentrum der Anlage verknüpft die Haupteingänge mit der über eine Brücke ins Zentrum der Universität führenden Achse und mit dem Weg zur Mensa. Dieses Zentrum wird zum Forum durch den die Dachkanten verbindenden Betonring, ein Kreis ohne Richtung, und die zentral stehende Plastik von Hiery. Sie hat eine Vorder- und Rückseite, steht diagonal zur Richtung der Gebäude, und ihre „Arme" spannen sich in Höhe des Ringes quer zur Durchgangsrichtung. Es entstand eine eigenwillige Gestaltung, die vom Freiraum zu den Hauseingängen überleitet.

Mit der gleichen Großzügigkeit fügen sich die Baukörper an, meist zwei Geschosse mit hellen Lochfassaden auf hohen Stützenreihen, deren Zwischenräume mit blauen Metallkonstruktionen gefüllt sind. Die Gebäudelänge ist auf überzeugende Weise gegliedert. Das mit blauen Trapezblechen bekleidete Dachgeschoß entwickelt sich horizontal aus dem runden Kopfbau und geht zum Zentrum der Anlage zu einer immer stärker werdenden vertikalen Wellenform über.

Es entstand eine bauliche Anlage, die trotz stark elementierter Bauweise keine Eintönigkeit aufkommen läßt. Erfindungsreichtum ist auch im Inneren zu finden. Keine künstliche, sondern menschliche Intelligenz.

5
Max-Planck-Institut für Informatik und Erweiterung des Fachbereiches Informatik der Universität des Saarlandes
Saarbrücken, Stuhlsatzenhausweg, Gebäude 46.1 und Gebäude 45

Bauherr: Max-Planck-Gesellschaft, München
Ministerium für Wissenschaft und Kultur, Saarland
Ministerium für Finanzen, Saarland, vertreten durch das Staatliche Hochbauamt

Planung: 1991–1993

Bauzeit: 1993–1995

Architekten: Horst Ermel,
Leopold Horinek,
Lutz Weber,
AS-Plan Kaiserslautern

Gartenarchitekt: Burkhard Evers, Kaiserslautern

Künstler: Leo Erb, St. Ingbert
Peter Vogel, Freiburg

1. Preis eines Architektenwettbewerbes

Die Campus-Universität Saarbrücken wurde während der letzten 50 Jahre aus einer Kaserne entwickelt. Die orthogonale Struktur wurde beibehalten, bei topographisch teilweise sehr schwierigen Situationen.
Der Neubau des Institutes und die Erweiterung des Fachbereiches fügen sich, in einem Natur- und Wasserschutzgebiet liegend, in diesen Rahmen ein. Beide Bauteile sind um einen vom Stuhlsatzenhausweg abgerückten Freiraum gruppiert und aus dem Programm heraus kompakt entwickelt, mit starker Betonung der kommunikativen Erfordernisse. Beim Max-Planck-Institut führte dies zu einer zentralen Halle über die gesamte Gebäudehöhe, beim Fachbereich Informatik zu einem dem starken Publikumsverkehr entsprechenden Erdgeschoß mit neuem Haupteingang, aber auch mit Kontakten in der Vertikalen.
Die Durchblicke in das Haus und Ausblicke in die Landschaft schaffen Bereiche und Raumerlebnisse für die Studenten und Mitarbeiter, die so das Gebäude im Ganzen wie im Detail überschauen und begreifen können.

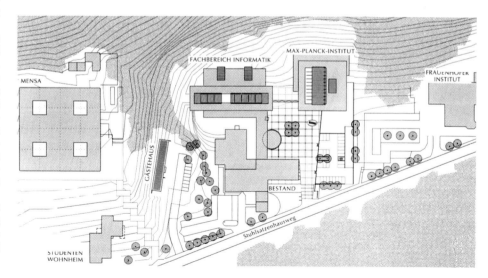

6
SWI Sportwissenschaftliches Institut der Universität des Saarlandes
Saarbrücken
Gebäude 39.1

Bauherr: Saarland – Minister für Bildung, Kultur und Wissenschaft, vertreten durch das Staatliche Hochbauamt

Planung: 1991–1992

Bauzeit: 1993–1995

Architekt: Wolfgang Fery, Saarlouis

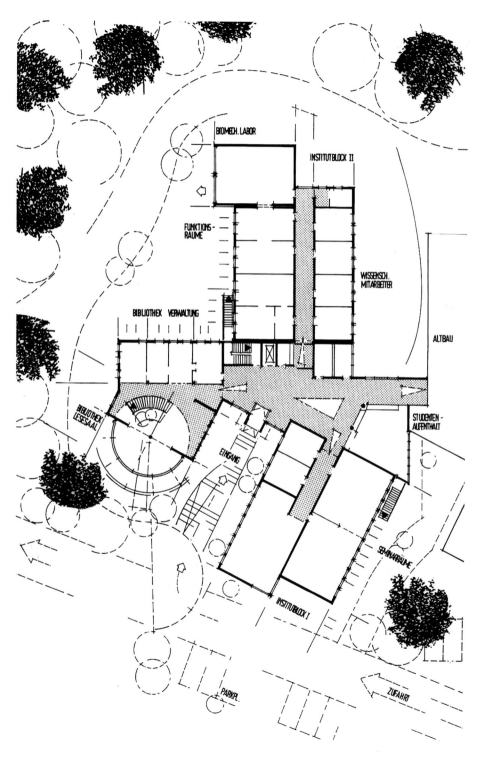

Durch den 1988 gegründeten Olympiastützpunkt im Saarland wurde die Erweiterung des SWI in den Bereichen Trainingswissenschaft, Sportpädagogik, Sportpsychologie sowie eine Zentralbibliothek erforderlich.
Die Gebäude gruppieren sich nordöstlich im Anschluß an das bestehende Institut in einer von Wald umgebenen Fläche des Universitätsgeländes. Die Typologie des Altgebäudes sowie die großzügige Bescheidenheit des Bestandes wurden bei der Neukonzeption zugrunde gelegt. Städtebauliche und konstruktive Strukturen der 1976 entstandenen Institutsgebäude des SWI bestimmten den Entwurf.
Alt- und Neubau bilden zusammen eine organisatorische Neuinterpretation des Gesamten; eine Gebäudekomposition mit ihrer städtebaulichen Pointe, der Bibliothek, als räumlicher Abschluß zur angrenzenden Waldlandschaft.
Das Erscheinungsbild ist geprägt durch die disziplinierte Verwendung von Kalksandstein-Sichtmauerwerk mit aufgesetzten Pultdächern als liegende Dreiecksprismen mit vorbewitterter Zink-Stehfalzumhüllung. Der Bibliotheksraum ist großzügig verglast. Die Mittelstütze trägt auf einem, in unsere heutige Formensprache übersetzten, weißen Kapitell die radial auseinanderstrebenden Naturholzbinder.

7
Studentenhaus
auf dem Campus der Universität Saarbrücken

Bauherr: Saarland, vertreten durch das Staatliche Hochbauamt

Planung: 1995

Bauzeit: 1996–1997

Architekt: Hans-Thomas Stolpe, Saarbrücken

1. Preis eines Architektenwettbewerbes

Literatur: wettbewerbe aktuell 94–4/1993

Ein Bau, der erst als Planung existiert, verspricht, das Karree des Kasernenhofes, die Urzelle der Universität, in einen humanen Lebensraum überzuführen. Zwei eingeschossige Gebäudewinkel leiten von den benachbarten Kasernengebäuden zu drei intimen Raumbereichen über. Ein Rundbau öffnet sich zu einem Innenhof.
Der axiale Freiraum tangiert die seitlich offene Cafeteria in dem dem Rundbau gegenüberliegenden Flachbau.
Eine große Zahl von Raumbezügen, die Symmetrien bilden und sie gleichzeitig auflösen, unterstützt durch Baumalleen, den Platz paradierend parodierend, die die Großräumigkeit erhalten, das alles dürfte den Reiz der entstehenden Anlage ausmachen.

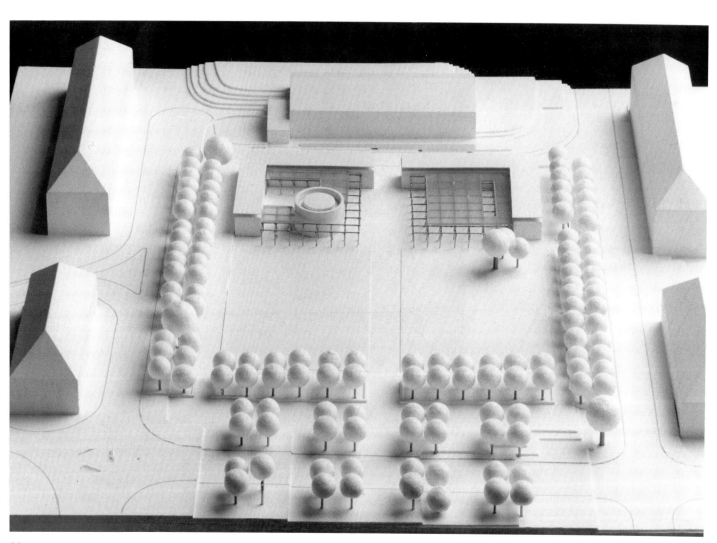

8
Erweiterung der Musikhochschule des Saarlandes
Saarbrücken, Bismarckstraße 1

Bauherr: Saarland, vertreten durch das Staatliche Hochbauamt

Planung: 1984

Bauzeit: 1986–1988

Architekt: Dr. Ing. Karl Hanus, Saarlouis

Künstler: Werner Bauer, Saarbrücken

1. Preis eines Architektenwettbewerbes

Literatur: Marlen Dittmann, Karl Hanus. Bauten und Projekte, 1994

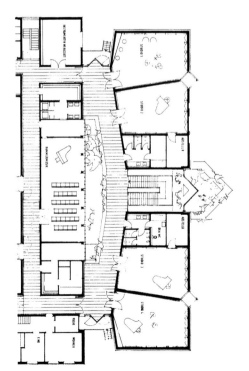

Galerie mit Blick ins Untergeschoß

Die in der „Kulturmeile" an der Saar zwischen Staatstheater und Moderner Galerie liegende Musikhochschule war zu erweitern. Der streng rechtwinklig introvertierte Grundriß wurde nur soweit ausgedehnt, daß der parkartige Freiraum zur Stadtseite hin lediglich minimal in Anspruch genommen zu werden brauchte.

Die schmalen Anbindungsflure stoßen aus dem Altbau heraus in den Freiraum, den die neuen Studios, in zwei Geschossen übereinandergeschichtet, untereinander und mit dem Altbau bilden. Dieser Freiraum ist in der Horizontalen nach drei Seiten, nach oben sowie nach unten offen, denn die untere Ebene liegt unter der Erdgleiche. Von außen wirkt das Ganze, als ob kaum etwas geschehen wäre – die Erweiterung ergänzt den alten Hauptbau, ohne den Freiraum zu stören.

9
HTW Hochschule für Technik und Wirtschaft (Erweiterungsbau)
Saarbrücken, Goebenstraße 40

Bauherr: Saarland, vertreten durch das Staatliche Hochbauamt

Planung: 1980
Bauzeit: 1. Bauabschnitt 1984–1987
2. Bauabschnitt 1990–1993

Architekten: Norbert Köhl, St.Ingbert
Peter Gergen, Dillingen

1. Preis eines Architektenwettbewerbes

Das städtebauliche Konzept wird bestimmt durch eine bestmögliche Lärmabschirmung gegenüber der vor der Nordseite verlaufenden A 620, der "Stadtautobahn". Lückenlos aneinander gefügte Baukörper mit Lochfassaden und Schallschutzverglasung entsprechen dieser Notwendigkeit. Die erforderliche Dichte der Bebauung bedingte Mittelfluranlagen, die sich nach Süden hin ausstülpen. Der Haupteingang des 2. Bauabschnitt liegt in der Verlängerung der Alvenslebenstraße. Die Abfahrt zur Parkierungsmulde erfolgt über die im 1. Bauabschnitt angelegte Abfahrtsrampe. Eine Erweiterung der Anlage nach Westen bis zur Malstatter Brücke ist nach dem gleichen Prinzip möglich.
Der 2. Bauabschnitt beherbergt die Abteilung Bauingenieurwesen mit Laboratorien, Hörsälen, Praktikumsräumen und Büros. Die Fundierung wurde als Pfahlgründung ausgeführt, denn sie steht im Schwemmland der Saar. Dem immer wieder auftretenden Hochwasser wurde durch die flutbare Parkierungsebene entsprochen.
Die langjährige Bauentwicklung der HTW, der früheren Fachhochschule, ist an den sichtbaren Bauabschnitten abzulesen. Das Wandmaterial, roter Ziegelstein, außen wie innen, ist gleichgeblieben. Es gibt der Gesamtanlage den erforderlichen optischen Zusammenhalt.

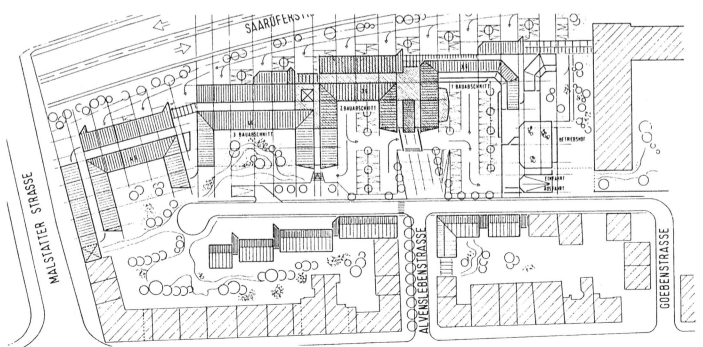

10
Sanierung des Deutsch-Französischen Gymnasiums
Saarbrücken, Halbergstraße 112

Bauherr: Saarland, vertreten durch das Staatliche Hochbauamt

Planung: 1988–1989

Bauzeit: 1989–1990

Architekt: Bernhard Focht, Saarbrücken

Künstler: Paul Schneider, Merzig-Bietzen
Lukas Kramer, Saarbrücken

Das Deutsch-Französische Gymnasium, eine der wenigen Einrichtungen dieser Art in Deutschland, wurde 1954–1955 durch den französischen Architekten G. H. Pingusson und den saarländischen Kollegen H. B. Baur errichtet. Es ist einer der ersten Stahlbetonbauten im Saarland nach dem Kriege. Heute steht er, als Zeichen seiner Zeit, unter Denkmalschutz.
Nach 35 Jahren wurde er saniert. Bauschäden wurden beseitigt, Räume den heutigen Bedürfnissen angepaßt.
Klassenzonen mit nichttragenden Trennwänden wurden neu eingeteilt. Die Allgemeinklassen wurden kleiner und zahlreicher. Für die Naturwissenschaften wurden neue Räume geschaffen. Die bauliche Anlage mußte in kleinere Brandabschnitte unterteilt werden. Die haustechnischen Anlagen wurden vollständig erneuert. Die Oberflächen von Boden, Wand und Decke wurden saniert und dabei teilweise neu gestaltet.
Die Gestaltung von Eingangshalle und Treppenaufgang wurde künstlerisch verdichtet.
Der früher hoch eingezäunte Vorhof wurde geöffnet.
Drei durchlaufende Stufenreihen und 15 Basaltstelen, im Rhythmus der Konstruktionsachsen des Baues, markieren heute den Übergang zum öffentlichen Raum. Drei „Stufensteine" und ein nahezu unbearbeitet gebliebener Findling geben den Schülern genügend Formenmaterial zur visuellen Anregung.
Der Pausenbereich, wegen unvermeidbaren Flächenbedarfs des Nachbarn, der Polizei, verkleinert, wurde neu und intensiver gestaltet mit einer überdachten Pausenhalle und einer Baumbepflanzung mit geschnittenen Platanen „à la française".

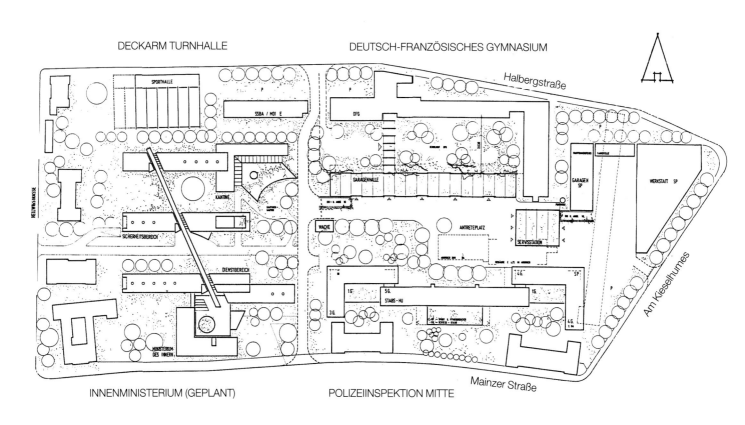

11
Wirtschaftswissenschaftliches Gymnasium Rastbachtal
Saarbrücken, Weißenburger Straße 23a

Bauherr: Finanzministerium des Saarlandes, vertreten durch das Staatliche Hochbauamt

Planung: 1985–1986

Bauzeit: 1986–1988

Architekt: Bernhard Focht, Saarbrücken

Künstler: Paul Schneider, Merzig-Bietzen
Werner Bauer, Saarbrücken

1. Preis eines Architektenwettbewerbes

Literatur: Saarbrücker Zeitung 38/1989

Die Schule setzt die gebaute Baugeschichte von Hauptschule und Realschule in nordöstlicher Richtung fort. Sie ergänzt die vorhandene baukörperliche Komposition. Nach einem klaren strukturellen Prinzip liegen die allgemeinen Klassen gereiht nach Nordwesten störungsfrei zum ruhigen Grünzug des Rastbachtales. Nach der entgegengesetzten Seite sind im Erdgeschoß kompakt und im Obergeschoß U-förmig die Fachklassen angeordnet. Beide Bereiche sind durch eine zentrale Halle verbunden. Sie dient gleichermaßen als Zugang wie auch als Pausenhalle, Aula, Treppenhaus.
Die hohe architektonische Form des Windfanges bildet sowohl den Auftakt zum Doppelstützensystem der Fassaden als auch zur sich aus funktionalen Elementen bildenden mehrgeschossigen Halle. Reihen aus Stahlstützen setzen die Struktur des Windfanges fort. Treppe und Brücke führen die Stahlkonstruktion der Stützen weiter. Gitterträger und Lüftungsrohre bilden für das Auge das Geflecht des Daches, das über der Treppe zu einem verglasten Oberlicht aufbricht. Treppenanlagen mit Sitzstufen außen vor dem Eingang und in der Halle falten die Bodenebene bis ins 1. Obergeschoß. Diese lebendige Ordnung gibt Anregung und räumliches Erlebnis, wie es für Lernende erforderlich ist. Überhöht wird das bisher Beschriebene durch die Durchdringung mit den Kunstelementen von Paul Schneider und Werner Bauer. Sie schreiben hierzu: „Die künstlerische Idee basiert auf der Vorgabe der Architektur und will sie mit raumgestalterischen Mitteln um eine kosmische Dimension erweitern. Ausgehend vom magischen Quadrat machen vier gestaltete Eckpunkte eine gedachte Wendel sichtbar, die um das Gebäude und durch die Treppenhalle führend (Bodenlinie und Lichtlinie an der Decke), imaginär weiterläuft, um im kosmischen Raum zu münden. Den Eingangsbereich markiert der Sonnenstein, dessen Mittagsschatten die Nord-Südlinie andeutet und den westlichen Quadratpunkt im Zentrum tangiert."

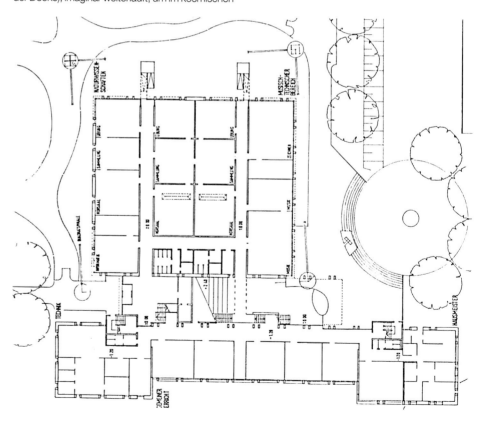

12
Hotelfachschule der Berufsschule TGB Mügelsberg
Saarbrücken, Brauerstraße/Dudweilerstraße

Bauherr:	Stadtverband Saarbrücken Schloßplatz 1–15, Saarbrücken
Planung:	1982
Bauzeit:	1986–1987
Architekten:	Werner Huppert und Herbert Huppert, Saarbrücken-Güdingen

2. Preis eines Architektenwettbewerbes

Ein Teilbereich der bestehenden Berufsfachschule wurde zu einer Hotelfachschule umgenutzt und erweitert. Der vorhandene Bau, ein Schulbau aus den 60er Jahren von Peter Paul Seeberger, ist von hoher architektonischer Qualität. Sie war zu respektieren. Das Erdgeschoß wurde zu Neben- und Funktionsräumen umgebaut und nach Süden eine zweigeschossige Halle als Lehrrestaurant angefügt. Diese ist an ihrer südlichen Längsseite durch einen zweigeschossigen Trakt begrenzt, in dessen unterem Geschoß die Küchen mit Nebenräumen liegen. Der Neubau ist leicht verschwenkt an den Altbau angefügt, was den Unterschied zwischen dem Alten und Neuen zusätzlich verdeutlicht.

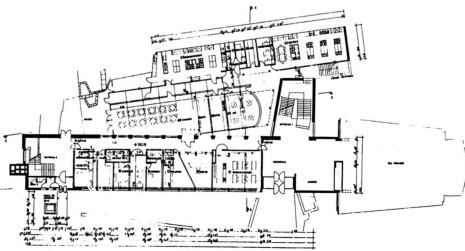

13
Funktionsgebäude zum Deutsch-Französischen Garten
Saarbrücken, Nordeingang
Deutschmühlental Saarbrücken

Bauherr: Stadt Saarbrücken, vertreten durch das Städtische Hochbauamt

Planung: 1990

Architekten: Werner Huppert und Herbert Huppert, Saarbrücken-Güdingen

Das Gebäude bildet den Ersatz des Provisoriums zur Eröffnung der Bundesgartenschau vor 30 Jahren mit beabsichtigten Anklängen an dieses.
Eine L-förmige Wand aus Betonstein-Sichtmauerwerk schirmt zur Straße ab. Eine Betondecke ruht auf dieser Wand und einer gartenseitigen Reihe von Stahlstützen.
Darunter eingestellt ist eine Holzkonstruktion, mit Multiplexplatten beplankt. Diese enthält Neben- und Sanitärräume sowie einen Kiosk.
Gleichlaufende Dachkante und Bodenstufe geben dem Bau eine eindeutige Kontur.

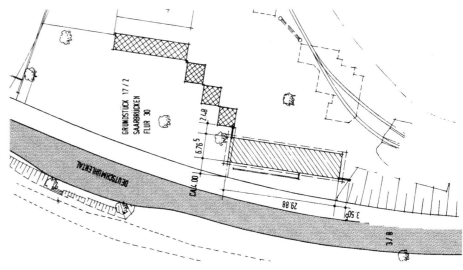

14
Joachim-Deckarm-Halle
Saarbrücken, Halbergstraße

Bauherr: Innenministerium des Saarlandes, vertreten durch das Staatliche Hochbauamt

Planung: 1989

Bauzeit: 1990–1992

Architekt: Manfred Schaus, Sulzbach

Künstler: René Roubicek, Prag

1. Preis eines Architektenwettbewerbes

BDA-Preis 1995

Literatur: Walter Meyer-Bohe, Grundrißatlas öffentliche Gebäude, 1997
Saarbrücker Zeitung v. 04.12.1992
Deutsches Architektenblatt 5/1994
Deutsche Baudokumentation 1995
BDA-Handbuch 1996
Baukultur 1/1997
Baumeister 5/1997

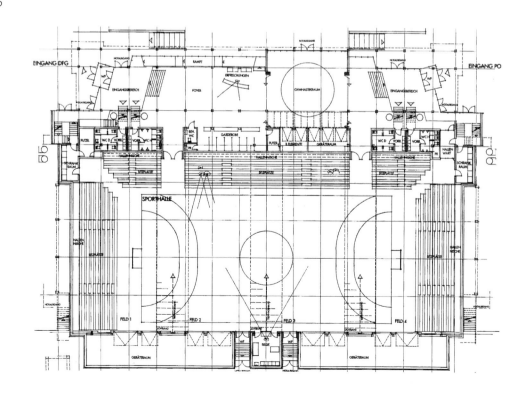

Die 4-Feld-Sporthalle mit Gymnastikraum und 2.000 Zuschauerplätzen liegt in der Flucht der Randbebauung an der Halbergstraße. Die vor die straßenseitig angelagerten Geräteräume gestellten Betonrahmen geben der Straßenseite eine großzügige Maßstäblichkeit.

Die auf der Gegenseite liegende Erschließungszone ist geprägt durch ein strenges Konstruktionssystem aus Sichtbetonelementen, in das der Ausbau locker und in heiterer Form eingefügt wurde. Diese Haltung charakterisiert die gesamte Doppelanlage mit zwei Eingängen, zwei Foyerbereichen mit kombinierbaren Spielfeldern. Sie dient sowohl dem Deutsch-Französischen Gymnasium als auch der Polizei.

Die Funktionsabläufe lassen keine Wünsche offen. Die städtebauliche Einbindung geschieht straßenseitig durch die plastische Gliederung der Nebenraumseite und zum Platzraum vor dem Kantinenbereich des geplanten MDI hin durch Öffnung der geräumigen Eingangs- und Foyerzone mit den beiden Eingängen der beiden Benutzergruppen.

15
Evangelisches Gemeindezentrum
Saarbrücken, Im Knappenroth

Bauherr: Evangelische Kirchengemeinde
Malstatt
Zur Malstatt 4, Saarbrücken

Planung: 1991–1992

Bauzeit: 1994–1996

Architekt: Manfred Schaus, Sulzbach

1. Preis eines Architektenwettbewerbes

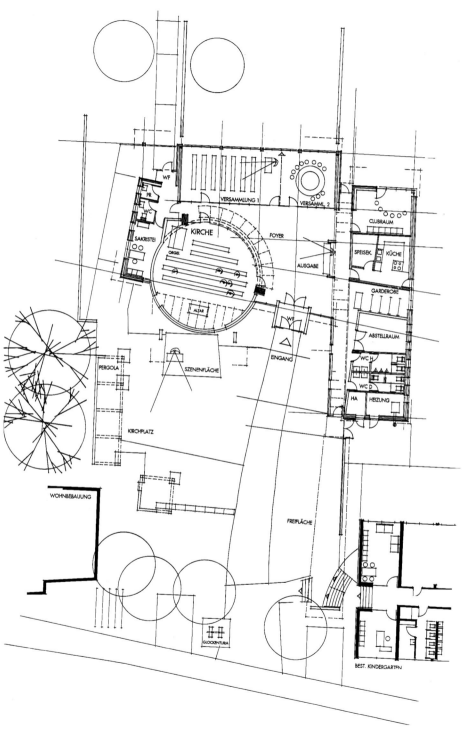

Das Gemeindezentrum bildet ein Geviert, wie die umliegende Bebauung, jedoch nicht am Straßenrand, sondern hinter der Wohnbebauung. Der zwischen der Straße und der Kirche liegende Kirchplatz ergibt Distanz zur Straße, erzeugt aber gleichzeitig eine Sogwirkung. Diese wird verstärkt durch das bereits an der Straße zu ahnende Raumgeflecht. Ein öffentlicher Durchgang ermöglicht es, das Zentrum zu durchqueren. Die Versammlungs- und Nebenräume lagern sich wie selbstverständlich an die Vorhalle an.

Der kreisrunde Kirchenraum bildet in Lage und Größe das Zentrum der Anlage. Er ist von der Vorhalle erschlossen, wirkt aber ebenso durch eine angegliederte Szenenfläche zum Kirchplatz hin.

Dieses Grundgefüge wird ergänzt und erweitert durch ein Spiel von angedeuteten Räumen und vielfältigen Durchblicken. Das wird erreicht durch Wandstücke, Betonbalken oder Stahlkonstruktionen. Durchblicke sind in Wände eingeschnitten, verglast und unverglast, oder zwischen den Bauteilen, auch hier teilweise verglast in Körperhöhe oder unter dem Dach und im Dach. Die naturbelassenen Materialien werden durch partiell verlaufende Farbgebung akzentuiert.

Ein heimeliges Gemeindezentrum.

16
Postamt 1 Saarbrücken
Saarbrücken, Am Hauptbahnhof 16–18

Bauherr: Deutsche Bundespost

Planung: 1984–1988

Bauzeit: 1988–1992

Architekten: Tibor Kugelmann, Siegbert Barth, Saarbrücken

1. Preis eines Architektenwettbewerbes

Das alte Gebäude der Hauptpost war räumlich unzureichend und ließ keine zeitgemäßen Betriebsabläufe mehr zu. Postgleise am Hauptbahnhof waren vorhanden, wenn auch 14 m über Straßenniveau, auch ein Posttunnel mit Verbindung zu den Gepäckbahnsteigen. Dem Bahnhofsvorplatz fehlte die westliche Platzwand. Der mit dem 1. Preis ausgezeichnete Entwurf brachte diese Situation in Ordnung und verband alles auf glückliche Weise, so daß die täglich im Saarland anfallende Briefpost, bestehend aus einer halben Million Briefe, zügig und rationell unter Benutzung modernster Techniken bearbeitet werden konnte. Für diese Technik, und um die weitere Entwicklung nicht zu verbauen, wurde eine schraubenlose, hier erstmals eingesetzte, Stahlverbundkonstruktion mit 17,5 m Spannweite verwendet. Diese Konstruktion bot auch Freiheit für die Fassade: Sandsteinbekleidete Flächen mit Einzelfenstern und verglaste Alukonstruktionen.
Diese Konstruktion erlaubte auch im Erdgeschoß am Bahnhofsvorplatz einen großzügigen, veränderbaren Servicebereich unter einer großen Glaspyramide, für den die jedem geläufige Bezeichnung „Schalterhalle" völlig unzureichend wäre. Die weitere Entwicklung aber verlief anders. Der Brieftransport wurde von der Bahn auf Lkws verlagert. Nicht Bahn-, sondern Autobahnanschluß versprach einen rationelleren Betrieb. So wurde aus der Post am Hauptbahnhof eine „Postpost".

17
Arbeitsamt Saarbrücken
Saarbrücken, Hafenstraße 8

Bauherr: Unternehmensgruppe Roland Ernst GmbH, Heidelberg

Käufer: Bundesanstalt für Arbeit, Nürnberg

Planung: 1992

Bauzeit: 1993–1995

Architekten: Wandel, Hoefer und Lorch, Saarbrücken

1. Preis eines städtebaulichen Wettbewerbes und einer anschließenden architektonischen Studie

Das Gebäude, als Teil der Hafeninselbebauung, steht im (verfüllten) Bett des Altarmes der Saar. Es zeichnet mit seinen beiden parallelen Baukörpern und der dazwischenliegenden glasüberdeckten Halle den alten Flußverlauf nach. Die jeweils drei bis vier „Waggons" sind an den dazwischenliegenden Treppenhäusern leicht verschwenkt. Die horizontal gegliederten fünfgeschossigen Ziegelsteinfassaden tragen ein verglastes 6. Obergeschoß unter dem weit auskragenden Flachdach über jedem Bauteil.

In der zentralen halböffentlichen Halle und dem Freiraum wurden durch den Käufer eine Reihe von Kunstwerken museal aufgestellt. Durch ihr Material und ihre Darstellung nehmen sie Bezug auf die verschiedenen Berufssparten. Am Kopf der Halle liegt ein Großraum zur Darstellung der Vermittlungsangebote.

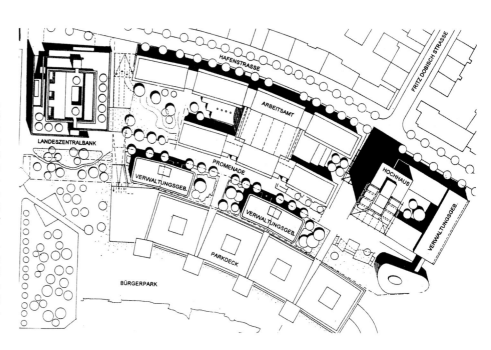

18
Landesarbeitsamt Rheinland-Pfalz - Saarland
Saarbrücken, Eschberger Weg 68

Bauherr: Bundesanstalt für Arbeit, Nürnberg, vertreten durch das Landesarbeitsamt RPS und durch das Finanzbauamt Saarbrücken

Planung: 1981–1984

Bauzeit: 1985–1988

Architekt: Tibor Kugelmann, Saarbrücken

Künstler: Ben Willikens, Stuttgart/Braunschweig

1. Preis eines Architektenwettbewerbes

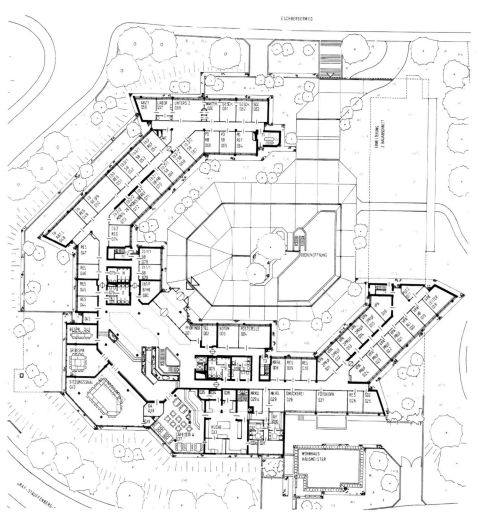

Am Eschberger Weg, auf halber Höhe, bildet dieses Gebäude eine markante Wegemarke. Die mehrfach gebrochene Fassade aus geflämmtem roten Granit und dunklen Fensterbändern unter dem mehrfach gebrochenen Pultdach mit naturroten Ziegeln ergibt eine bastionartige Anlage.

Bergseitig öffnet sich der von dem zweibündigen Bau gebildete Hof zur öffentlichen Straße. Gegenüber liegt der Haupteingang zur zentralen, durch alle Geschosse reichenden Halle mit Oberlicht. Überraschende künstlerische Wandgestaltungen im Erdgeschoß machen diese Halle zum unvergeßlichen Ort.

Die Decke einer direkt von der Straße anfahrbaren großen Tiefgarage bildet das Plateau, auf dem das Haus steht. Es ist ein Verwaltungsgebäude vorwiegend mit Einzelräumen und wenig Publikumsverkehr.

19
Polizeidirektion Mitte, Saarbrücken
Saarbrücken, Mainzer Straße 136

Bauherr: Innenministerium des Saarlandes, vertreten durch das Staatliche Hochbauamt

Planung: 1987 – 1990

Bauzeit: 1989 – 1992

Architekt: Hubertus Wandel, Saarbrücken

Künstler: Dorothea Zech, Brigitte Schuller, Annegret Leiner, Thomas Gruber, Lukas Kramer, Saarbrücken

1. Preis eines Architektenwettbewerbes

Literatur: Saarheimat, 36. Jg., 3–4/1992, S. 59–64 Wandgestaltung von Brigitte Schuller

Auf dem Gelände der ehemaligen Ulanenkaserne an der Mainzer Straße stehen noch zwei alte Gebäude. Die Sichtmauerwerkswand zwischen beiden Gebäuden mit den dahinterstehenden Pappeln zeigen noch den Originalzustand. Das westliche Gebäude wurde zusammen mit den Neubauten saniert. Die filigranen Elemente in den Fensteröffnungen erhielten Farbe, die Putzflächen überspannen Rankdrähte, die von den Pflanzen auch dankbar angenommen werden: Die alte Substanz hat sich zu einem neuen lichten Hauswesen gemausert. Der dahinterliegende metallbekleidete fünfgeschossige Gebäuderiegel bildet das bauliche Zentrum der Anlage. Ein teilweise offenes Erdgeschoß, plastische Kastenfenster mit hellblauen Rahmen und gelbem Sonnenschutz in den Obergeschossen, teilweise geschwungene Verglasung nehmen diesem Baukörper die Schwere.
Die Seitenwände der Lichtbuchten sind von verschiedenen Künstlern mit den ihnen jeweils eigenen Mitteln reliefartig gestaltet.
Der hinter dem Hauptbau liegende Hof wird durch den Garagentrakt begrenzt. Die 120 m lange Wand aus rotem Ziegelsichtmauerwerk, wie es auch im Hauptbau die Flure begleitet, wird durch Tore, Türen, Wandlampen und die Spiegelung in der davorliegenden Wasserfläche gegliedert. Die ungestört durchlaufende Dachkante mit dem darunterliegenden Fensterband sorgt für optische Ruhe und Disziplin.

Wandgestaltung von Thomas Gruber

Wandgestaltung von Brigitte Schuller

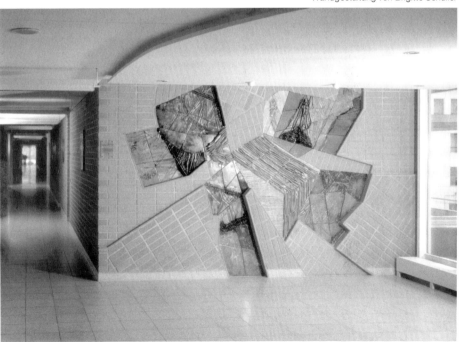

20
Bürogebäude der Stadtwerke Saarbrücken „Haus der Zukunft"
Saarbrücken, Dudweilerstraße

Bauherr: Stadtwerke Saarbrücken

Planung: 1992–1993

Bauzeit: 1993–1995

Architekt: Miroslav Volf, Saarbrücken

1. Preis eines Architektenwettbewerbes

Die Straßenkreuzung Dudweilerstraße / Richard-Wagner-Straße hat eine neue Fassung bekommen.
An die verglaste Rundtreppe an der Gebäudeecke schließen sich nach beiden Seiten gleichartige Fassaden an. Sie weichen nicht nur in ihrer vertikalen Schichtung wohltuend von der meist üblichen Addition gleicher Geschosse ab, sie vereinigen auch, fein dosiert, sehr unterschiedliche Elemente. Zur Gegenseite gibt der Winkelbau den Blick auf den noch unverdorbenen Bau des Umspannwerkes aus den 30er Jahren frei.
Auch im Inneren finden sich großzügige Räume, deswegen und wegen des Ausstellungsgutes gesprinklert, so daß die Struktur der Deckenfertigplatten wie viele andere Rohbauformen zur Innenraumgliederung und -gestaltung herangezogen werden konnten.

Treppenhaus und Aufzugsschacht

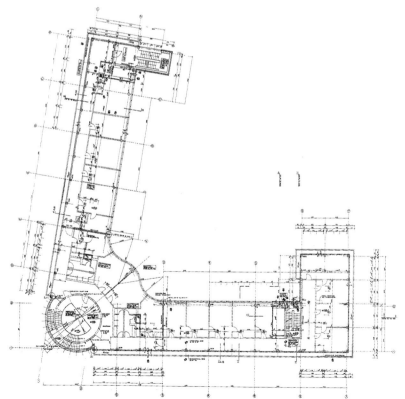

21
Verwaltungsgebäude einer Versicherungsgesellschaft
Saarbrücken, Peter-Zimmer-Straße 2

Bauherr: Union-Krankenversicherung (UKV) AG

Planung: 1991–1993

Bauzeit: 1. Bauabschnitt 1993–1995
2. Bauabschnitt 1996–1997

Architekten: Bernhard Focht, Harald Grund, Saarbrücken

Künstler: Gerd Winner, München
Leo Kornbrust, St. Wendel

1. Preis eines Architektenwettbewerbes

Literatur: *Glasarchitektur 1996, S. 70 f., Konzeption und Redaktion von Lothar Juckel, Berlin, Hrg. Flachglas AG, Gelsenkirchen*

Gerhard Bungert, Die Heiligen Kühe der Saarländer, Saarbrücken 1996, S. 29 f.

Umeni a remesia (Kunst und Handwerk), Prag 1996, S. 23–26

Am Ende einer engen Talsenke, umgeben von Einfamilienhäusern auf halber Höhe, war ein Versicherungsgebäude für 1.300 Mitarbeiter zu entwerfen.
Die Lösung war in diesem Falle eine Gruppe von sieben bis acht zylindrischen Baukörpern, die V-förmig angeordnet und in der Eingangsebene mit einem durchgehenden Flur auf kurzem Wege verbunden sind. An diesen Flur sind hangseitig zweigeschossige Parkierungsebenen angelagert. Da sie im Hang liegen, ist ihre Oberfläche begrünt.
Zwischen beiden Schenkeln des V liegt, ebenfalls kreisförmig, der Eingangsbereich mit spiralig ansteigender Vorfahrtsrampe. Diese Konzeption zeigt sich in mehrerer Hinsicht verträglich für die Umgebung. Die Gebäudehöhe bleibt niedrig, die Durchlässigkeit für die vom bewaldeten Hang herabströmende Frischluft bleibt erhalten. Die Realisierung in mehreren Bauabschnitten ist gut möglich, ohne daß die ersten Abschnitte rudimentär wirken.
Da die zylindrischen Bürobaukörper nur drei bis vier Obergeschosse haben, ist die Belichtung im Inneren von oben her bis ins Erdgeschoß wirksam. Im offenen Gebäudekern wirken Wendeltreppe, gläserner Aufzug, Brücke – und, im Bereich der außenliegenden Einzelbüros, eine durch alle Geschosse reichende vertikale „Raumschale" wie eine Skulptur. Sie geben den zum Kern hin offenen Großraumzonen Weite und überdurchschnittliche Raumqualität.
Die Innenseite der „Raumschale" ist von Prof. Winner ebenso kräftig wie subtil mit einer Farbskala versehen, in jedem Bau von einer anderen Grundfarbe ausgehend. Die künstlerische Gestaltung in den Gebäuden wird außen „reflektiert" durch die mächtige Steinstele von Prof. Kornbrust im Zentrum des Eingangsrund. Die Architekten spürten weitere Möglichkeiten auf, Sterilität zu vermeiden. Als beispielhaft seien der vom Sonnenstand gesteuerte außen verfahrbare Sonnenschutz oder die Behandlung der Bohrpfahlwand in den Parkierungsebenen genannt.

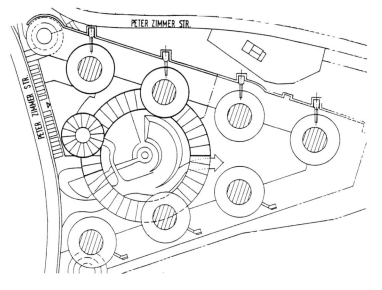

22
Umbau der Sparkasse Saarbrücken
Saarbrücken, Neumarkt 17

Bauherr: Sparkasse Saarbrücken

Planung: 1987–1990

Bauzeit: 1988–1994 in Bauabschnitten

Architekten: Wandel, Hoefer und Lorch, Saarbrücken

Künstler: Werner Bauer, Saarbrücken

1. Preis eines Architektenwettbewerbes

Detail aus der Saarfront

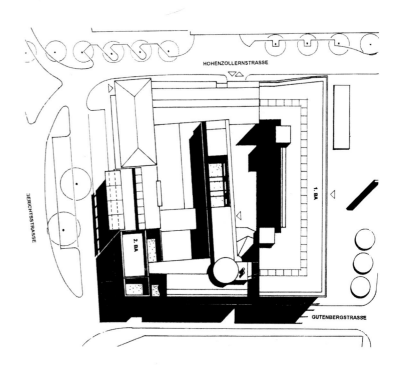

Dieses Projekt ist ein weiteres Beispiel für einen Weiterbau in der Innenstadt. Es wurde kein Turmhaus, wie man es eine Zeitlang diskutierte.

An der Eisenbahnstraße entstand zunächst ein Straßenrandbau. Er bildet keine Wand an der Straße, sondern steht filigran und gegenüber der Fluchtlinie zurückgesetzt. Der so gebildete Platzraum wird von Bauers Lichtstele „auf zweimal vier Ebenen durch rhythmische Lichtaktionen erobert".
Die zur Straße hin anschließenden Altbauten wurden neu „entdeckt", von späteren „Stilverkrustungen" befreit und an einigen Stellen behutsam ergänzt.

So entstand eine spannend gebaute Stilgeschichte der letzten 75 Jahre unseres Jahrhunderts – übrigens insgesamt ein vielfältiges Spiel der horizontalen Formate mit den vertikalen.

23
Saarbrücker Zeitung Druckhaus
Saarbrücken, Untertürkheimer Straße 15

**Umbau Pressehaus
der Saarbrücker Zeitung**
Saarbrücken, Gutenbergstraße 11–23

Bauherr:	Saarbrücker Zeitung, Verlag + Druckerei GmbH Gutenbergstr. 11–23, Saarbrücken
Planung Druckhaus:	1. Bauabschnitt 1984 2. Bauabschnitt 1987–1988
Pressehaus:	1. Bauabschnitt 1985–1986 2. Bauabschnitt 1989–1992
Bauzeit Druckhaus:	1. Bauabschnitt 1984–1985 2. Bauabschnitt 1988–1989
Pressehaus:	1. Bauabschnitt 1986–1987 2. Bauabschnitt 1989–1993
Architekt:	Ulrich Heiken, Frankfurt/M
Bauleitung:	Klaus Krüger + Lutz Rieger, Saarbrücken
Druckhaus	Eingeladener Wettbewerb
Druckhaus	2. Preis (Silberplakette) für vorbildlichen Industriebau durch BM für Raumordnung, Bauwesen und Städtebau

Durch den Bau des Druckhauses konnte die Produktion von Zeitungen und individuellen Druckerzeugnissen im Rollen- und Bogenoffsetverfahren von der Innenstadt an den Stadtrand mit günstiger Verkehrsanbindung verlagert werden. Das Gebäude zeigt in seiner Ausformung die vielfältigen Funktionen einer Druckerei. Es berücksichtigt die einzelnen betriebsorganisatorischen Belange. Durch differenzierte Raumfolgen, Transparenz der Bereiche durch weitreichend offene Flächen oder Glaswände und durch eine systematische Farbgestaltung wird den sozialen Belangen der Mitarbeiter entsprochen. Erweiterungsmöglichkeiten sind so vorgesehen, daß sie sich organisatorisch wie baulich integrieren.

Die Auslagerung der Druckerei schuf Raum für die zentrale Verwaltung mit Redaktion, Rechenzentrum, Filmsatz, „Pressezentrum" und Kommunikationszentrum „Forum Saarbrücker Zeitung". Hierfür konnte ein ehemaliges Kino umgenutzt werden. Die Blockrandbebauung von Gutenbergstraße, Neugeländestraße, Hohenzollernstraße und Eisenbahnstraße wurde insgesamt umgestaltet. Der große Innenhof, früher Ladehof, wurde „grüne Lunge". Im Gebäude wurden die Arbeitsplätze auf heutigen Standard gebracht. Die Fassaden, aus dem gleichen Material und in der gleichen großzügigen Architektursprache wie beim Druckhaus, fügen sich dennoch bereichernd in die innerstädtische Umgebung ein.

24
Saar-Galerie Saarbrücken
Saarbrücken, Reichsstraße

Bauherr: Hammerson GmbH, London/Frankfurt

Planung: 1987–1988

Bauzeit: 1989–1991

Architekten: Meinhard von Gerkan, Volkwin Marg und Partner, Aachen

Deutscher Verzinkerpreis 1993

Literatur: *Public Design Jahrbuch 1990*
AIT 9/1992
gmp 4, Stuttgart 1992
gmp, London und Berlin 1993
gmp 5, Basel, Boston, Berlin 1995

Die Saar-Galerie schließt eine der letzten durch den 2. Weltkrieg gerissenen großen Lücken zwischen Hauptbahnhof und Stadtmitte, dort, wo lange Jahre die Barackengaststätte „der Holzkopp" stand. Zusammen mit dem denkmalgeschützten Gebäude der Bergwerksdirektion aus dem 19. Jahrhundert bildet sie einen Baublock und formt die Räume des Bahnhofsvorplatzes, der St. Johanner Straße und der Reichsstraße. Mit der Eröffnung der Saar-Galerie wurde das Entree der Stadt, die Reichsstraße zwischen Bahnhofsvorplatz und Bahnhofstraße, zu einem Fußgängerboulevard aufgewertet. Hier liegt der Haupteingang als weit geöffnetes Portal. Seine Sogwirkung kompensiert die vom Stadtgefüge her nicht gegebene Durchgangsfunktion als „Passage". Sie ist über 100 m lang, zwölf m breit und sechs Geschosse hoch und bildet in zwei Ebenen den mit Läden besetzten Weg zu den an ihrem Ende sich bewegenden Panoramaaufzügen zu den 1.200 Pkw-Stellplätzen in vier Parkebenen.

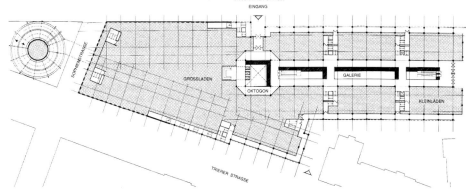

Das 38 m hohe Oktogon, in dem die Aufzüge liegen, ist von einer die Dachlandschaft der Innenstadt überragenden Glaspyramide überdeckt.
Die Gebäudehöhe nimmt Rücksicht auf das Saarberg-Direktionsgebäude, dessen Dominanz als Baudenkmal erhalten bleiben soll. Daher sind auch die Anschlußbereiche der Fassaden gegenüber der Saarberg-Direktion zurückgenommen.

Die langen Straßenfassaden werden durch unterschiedliche Sockelzonen, Rücksprünge mit filigranen Stahltreppen und den Rhythmus der luftdurchlässigen Garagen-Fertigteilfassaden aus gestaffelten Quadratmodulen gegliedert.
Den städtebaulichen Kontrapunkt zum großen Portal bildet die am entgegengesetzten Ende freistehende Pkw-Rampe. Die gleichläufige Doppelspindel mit den Brücken zum Gebäude ist eine an Seilen aufgehängte Stahlkonstruktion.
Die an vielen Stellen sichtbare Stahlkonstruktion des Gebäudes aus gewalzten Profilen, traditionell verbunden, ist eine architektonische Referenz an den traditionsreichen saarländischen Stahlbau.

25
Großkläranlage
Saarbrücken-Burbach,
Mettlacher Straße

Bauherr: Abwasserverband Saar, Mainzer Straße 261, Saarbrücken

Bauzeit: 1990 fertiggestellt

Architekten: Dieter Trageser und Horst Wagner, Darmstadt

Landschaftsgestaltung: Planungsgruppe Landschaft + Stadt, Saarbrücken

Ergebnis eines Architektenwettbewerbes

Literatur: db deutsche bauzeitung 3/90

Das Klärwerk in Saarbrücken-Burbach, 1936 bis 1939 erbaut, in den 60er Jahren modernisiert und erweitert, war nach ca. 25 Jahren erneut zu verjüngen. Ein zu dieser Zeit aktuelles, langfristiges und umweltverträgliches Entsorgungskonzept erforderte einen Neubau.
Das Baugelände liegt mitten im dichtbesiedelten Stadtteil Burbach direkt an der Saar, ohne Hochwasserschutz.
Vorgaben für den Entwurf waren also nicht nur ein präzises Raum- und Funktionsprogramm, sondern auch eine bauliche Anlage, die den Maßstab seiner Umgebung und damit auch den Spaziergänger am Saarufer respektiert.
Die einzelnen Baukörper besitzen je nach Funktion ein unterschiedliches Erscheinungsbild. Es galt zu differenzieren und nicht zu vereinheitlichen. Das Betriebsgebäude ist von übergeordneter Bedeutung und vergleichsweise aufwendig gestaltet. Die Saarseite der Gesamtanlage sollte in jeder Hinsicht zurückhaltend bleiben. Mit Ressourcen wurde so sparsam wie möglich umgegangen. Auf repräsentative, sonst nicht weiter nutzbare Objekte wurde verzichtet.

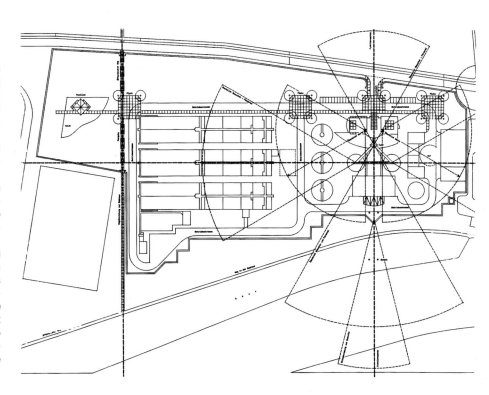

26
Heizkraftwerk Römerbrücke
Saarbrücken

Bauherr: Saarbrücker Stadtwerke AG

Planung: 1980–1988

Bauzeit: 1986–1988

Architekten: Jochen Jourdan und Bernhard Müller, PAS, Frankfurt

Künstler: Katharina Fritsch, Düsseldorf; Edward Allington, London; Peter Fischli; David Weiss, Zürich; Thomas Schütte, Düsseldorf; Koordinator: Kasper König

1989 Auszeichnung des Bundesbauministeriums für „zukunftsweisende Industriearchitektur"

Umweltschutzpreis 1989 des US-Magazins Power International

UNO-Umweltschutzpreis der Konferenz „Umwelt und Entwicklung" in Rio de Janeiro

Literatur: Kunstprojekt Heizkraftwerk Römerbrücke Stadtwerke Saarbrücken AG 1992
Bernd Schulz, Jean Louis Garnell, Hrg. Stadtwerke Saarbrücken AG, Saarbrücken 1992
Baumeister 7/89
Leonhardt, Kopffleisch, Jochum, Kommunales Energiehandbuch, Karlsruhe 1989
Der Spiegel 45/89
Die Zeit 9/89
Heizkraftwerk Römerbrücke, BBC
Druckschrift, 1989
Abitare 6/89
Casabella 10/89
Architektur und Wohnen 2/90
Baukultur 6/90
db deutsche bauzeitung 3/90
District Heating Jahrbuch 1990
Marijory Jacobson, Art and Business, Thames and Hudson 1991
Handelsblatt Magazin 8/92
Ingeborg Flagge, Jahrbuch für Licht und Architektur, Berlin 1993

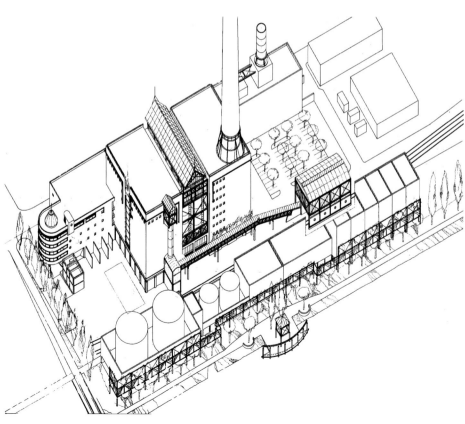

Da, wo die Aue der oberen Saar das Gebiet der Stadt Saarbrücken erreicht, steht seit etwa 35 Jahren der mächtige Block eines Fernheizwerkes, dessen Kamin die den Fluß begleitenden Hügel weithin sichtbar überragt.
Vor mehr als zehn Jahren wurde ein neues Energieversorgungskonzept entwickelt, das eine Verdoppelung des Gebäudeblocks zur Folge hatte. Das Ziel war, eine umweltverträgliche, kernenergiefreie Versorgung sicherzustellen mit Impulsen für die heimische Wirtschaft. Dazu gehören Abwärmenutzung (Hochofengasleitung von der Halberger Hütte), Kraftwärmekopplung, Wirbelschichtfeuerung, Einbindung von Umwelt-Energie aus einem Fotovoltaikprojekt.

Der neue Kraftwerksblock von etwa der gleichen Größe, gleichen Abmessungen und gleichem Material wurde, durch eine Glashalle getrennt, neben den vorhandenen gestellt. Seine Mächtigkeit wurde durch den halbhohen, geschichteten Bürotrakt zur Stadt hin gemildert.
Auch und besonders zum Landschaftsraum, zur Saarseite hin, wurden durch ein geschicktes Spiel mit gleichartigen oder einander ähnlichen Formelementen die Baublöcke auf natürliche Weise gegliedert und mit den sie umgebenden notwendigen Anlagen und Einrichtungen zu einer Einheit gefaßt, vergleichbar mit einer „vertikalen Stadt" und überzeugend nicht nur bei Tage, sondern in ihrer disziplinierten Vielfalt besonders bei Nacht, „ein Lichtblick in der Energielandschaft", wie der Bauherr es doppelsinnig formulierte.
Die Arbeit der fünf Künstler mit den Architekten und am Bau „transformieren das technische Geschehen der Energieerzeugung und dessen Bedeutung in eine neue Bildwelt, die Alltag und Erinnerung verbindet".
Trotz oder wegen allem: es ist ein Kraftwerk geblieben. Und es wurde nicht versucht, es zu verstecken, sondern sich zu ihm zu bekennen, ihm Haltung zu geben, es zu formulieren in unserer heutigen (Formen-)Sprache.

27
**Forschungs- und Entwicklungszentrum für Software
IDS – Prof. Scheer GmbH**
Saarbrücken, Altenkesseler Straße 17

Bauherr:	IDS – Prof. Scheer GmbH Altenkesseler Straße 17, Saarbrücken
Planung:	1993–1994
Bauzeit:	1. u. 2. Bauabschnitt 1994–1996
Architekten:	Bernhard Focht+Partner, Saarbrücken
Künstler:	Lukas Kramer, Saarbrücken René Roubicek, Prag

1. Preis eines Architektenwettbewerbes

Literatur: Umeni a remesia (Kunst und Handwerk), Prag 1996, S. 29

Treppenhausdecke

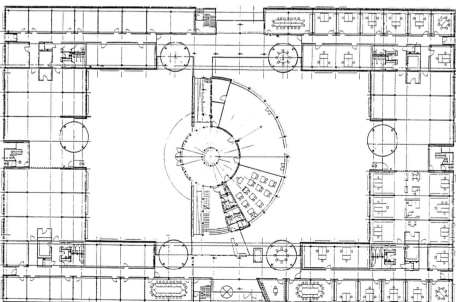

Dieser Bau schließt die vierte Seite eines an den anderen Seiten bereits bebauten rechteckigen Freiplatzes. Außer der Zugangsrichtung von Südosten gibt es keine wesentlichen Außenbezüge.

Die Grundstruktur des Gebäudes folgt baulich der Grammatik von Quadrat und Kreis.
Ein halbkreisförmiger Zentralbau im Innenhof wird von dem rechteckigen Außenbau umschlossen. Ein vom Mittelpunkt ausgehender Keil durchstößt den Rechteckbau und bildet die Eingangs- und Zugangssituation.

Dem baulichen Gefüge entspricht die Nutzung: Von der Kleinraumzelle über die kommunikativen dreibündigen Seitenflügel bis zu den Vortragsräumen im Zentrum. Keine Hierarchie, jeder sieht jeden. Hinzu kommen die Variationen, wie sie im Wechselspiel mit dem Bauherrn, dem Nutzer, der Konstruktion, der Materialwahl und der auf alles dieses reagierenden Kunst entstehen.
Das Ergebnis ist Anregung und Disziplin, unterstützt durch Großzügigkeit. Die Anlage sollte von 50 auf 500 Mitarbeiter entwicklungsfähig sein. Derzeit ist die Zahl von 500 Mitarbeitern bereits erreicht.

28
Neufang-Brauerei (Umnutzung)
Medizinischer Dienst der Kranken-
versicherung im Saarland (MDK)
Saarbrücken, Dudweiler Landstraße 5

Bauherr:	Neufang-Brauerei AG Dudweiler Landstraße 3, Saarbrücken
Planung:	MDK 1990 Brauereigebäude 1992–1993
Bauzeit:	MDK 1991–1992 Brauereigebäude 1992–1993

Architekten:
Brauereigebäude
        Walter Schwarz-Paqué,
        Saarbrücken
MDK   Klaus Krüger + Lutz Rieger,
        Saarbrücken
        Walter Schwarz-Paqué,
        Saarbrücken

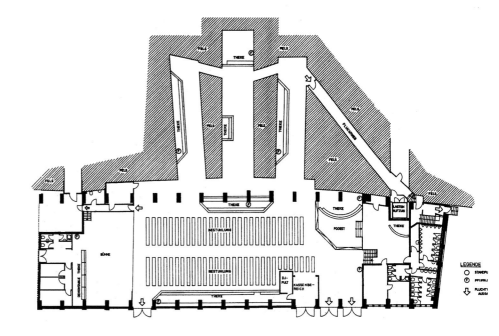

Die Neufang-Brauerei verlagerte sich im Laufe der Jahre von der Dudweiler Landstraße aufs höher gelegene Plateau, so daß im Zuge der Entwicklung die unten an der Straße liegenden Gebäude frei wurden. Die „Gründungsgebäude" der Brauerei stammten aus dem Jahre 1889. Sie wurden abgerissen. Das ergab den Bauplatz für den Neubau des Medizinischen Dienstes der Krankenversicherung im Saarland. Er steht als „Auftaktgebäude" vor der mit Stollen durchsetzten Sandsteinfelswand und mit geringem Abstand zum großen ehemaligen Brauereigebäude. Letzteres ist einer der ersten großen Stahlbetonbauten in Saarbrücken und stammt aus den Jahren 1923 bis 1925. Umnutzung statt Abriß wurde hier ermöglicht durch Versandhandel, Sportzentrum, Fachschule und Großdisco, bekannt geworden als „Kulturfabrik". Diesem durch Pilaster- und Fensterreihung rhythmisierten, unter Denkmalschutz stehenden Bau steht der MDK-Bau gegenüber. Mit gleicher Höhenentwicklung, verwandter, aber selbständiger Farbgebung, jedoch mit einer Gebäudegliederung durch kräftige Bauvolumina statt feingliedrigem Fassadenrelief. So reagiert der kleinere, jüngere auf den großen, älteren „Bruder".

29
Einbau einer Gasthausbrauerei im „Stiefelbräu"
Saarbrücken, Am Stiefel 2

Bauherr: Brauerei G. A. Bruch
Scheidter Straße 24–42,
Saarbrücken

Planung: 1988

Bauzeit: 1989–1990

Architekt: Elmar Kraemer, Saarbrücken

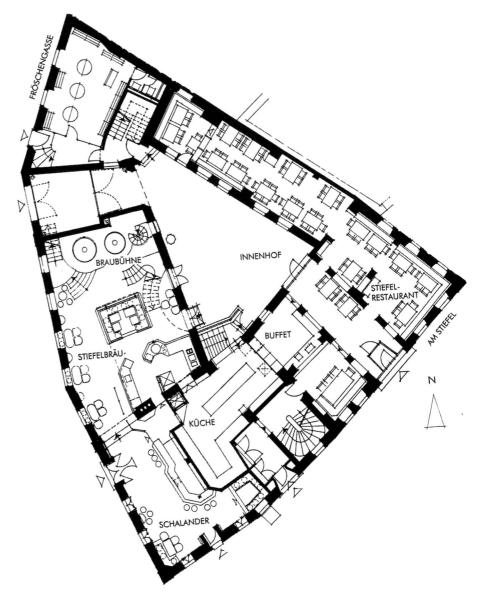

Im Zentrum des Sanierungsgebietes St. Johanner Markt, an den Marktplatz angrenzend, liegt die Hausgruppe „Der Stiefel". Hier hat im Jahre 1702 die Brauerei ihren Anfang genommen. Historische Räume und alte bauliche Situationen wurden als Gasthausbrauerei mit mehreren Schankbetrieben ausgebaut. Originale Braukessel in Aktion, Emporen, Nischen, Einzelräume, Restaurant, gastlicher Innenhof lassen für ein dem St. Johanner Markt entsprechendes "Ambiente auf saarländisch" keine Wünsche offen.

30
Fassadensanierung eines Geschäftshauses
Saarbrücken, Bleichstraße 20

Bauherr: Detlef Reinhardt, Saarbrücken

Planung: 1993

Bauzeit: 1994

Architekten: Klaus Krüger + Lutz Rieger, Saarbrücken

An der Ostgrenze des Sanierungsgebietes St. Johann, in der Flucht einer bunten Mischung von Fassaden seit der Gründerzeit, war eine Betonfassade aus den 60er Jahren sanierungsbedürftig. Denkmalpfleger, Sanierungsbetreuer und Architekten waren sich schnell einig, daß der 60er Jahre-Charakter erhalten bleiben sollte. Die statisch unsicheren Betonbrüstungen wurden durch die aufgesetzte Pfostenkonstruktion der neuen Metallfassade stabilisiert. Die über die gesamte Hausbreite reichende Überdachung der Dachterrasse aus transluzenten Glasfiberwellplatten auf rostender Stahlkonstruktion wurde durch einen kürzeren Dachausbau mit betontem Dachüberstand ersetzt. Dachdeckenuntersicht und die seitlichen Brüstungsstirnseiten erhielten ein dieses Geschäftshaus betonendes Signalrot. Zur Straße hin sind die Brüstungen hinterlüftet mit horizontal liegenden, sich selbst aussteifenden Wellaluminiumplatten belegt. Die glänzende, metallische Oberfläche gibt dem Haus zusätzlich ein frisches Aussehen. Das Erdgeschoß mit dem Schaufensterbereich konnte aus Kostengründen nicht in diese Sanierung einbezogen werden.

31
Schlafhaus I
Saarbrücken, Von der Heydt

Bauherr: Saarland, vertreten durch das Staatliche Hochbauamt

Planung: 1991

Bauzeit: 1993–1995

Architekten: Alois Legrum und Frank Schley, Saarbrücken

Das ehemalige Schlafhaus I in Von der Heydt steht unter Denkmalschutz. Es sollte zum Landesvermessungsamt umgebaut werden. Das geschah mit äußerster Behutsamkeit. Von der vorhandenen Substanz wurde ausgegangen. Einzelne Trennwände zwischen den ehemaligen Schlafräumen wurden da, wo es erforderlich war, herausgenommen. So blieb in vielen Fällen der alte Raumzuschnitt erhalten. Die mit vier m überbreiten Mittelflure blieben unverändert. Nur die Decke zwischen Ober- und Dachgeschoß wurde bis auf die querlaufenden Deckenbalken herausgenommen. So lassen die Oberlichte im Dach Tageslicht bis ins 1. Obergeschoß.

Die Haupttreppe wurde im alten Gehäuse zur leichten Stiegenkonstruktion, die WC-Anlage auf der Ebene der Zwischenpodeste im Anbau erneuert. Als neues Element ist die Haustür zu nennen. Die Fenster mit ihrer originalen Teilung blieben erhalten.

Das Gebäude erhielt eine neue Schicht in seiner Geschichte, ohne seine Vergangenheit zu leugnen und ohne unverhältnismäßigen Aufwand.

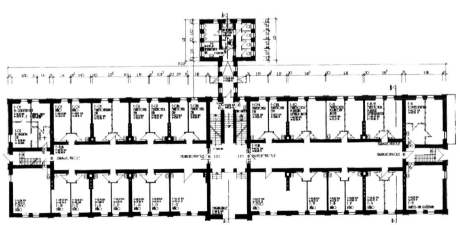

32
Wohnbebauung „Am Staden"
Saarbrücken, Bismarckstraße 119–127

Bauherr: Bauherrengemeinschaft Bismarckstraße

Planung: 1983

Bauzeit: 1984

Architekt: Werner Huppert und Herbert Huppert, Saarbrücken-Güdingen

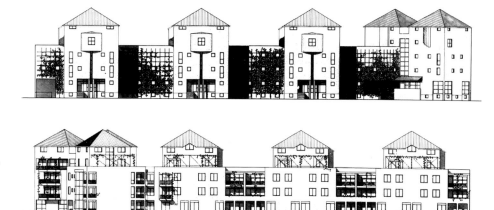

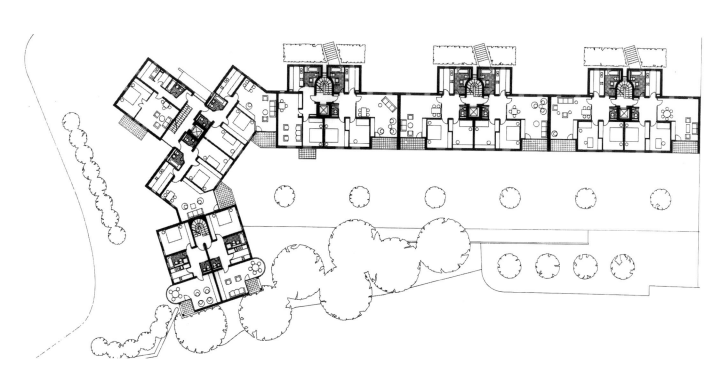

Die Wohnanlage liegt am Rande des in der Gründerzeit entstandenen Wohnquartiers mit Parkanlage am Saarufer „Am Staden".

Die überkommene Baustruktur von freistehenden Einzelvillen klingt auch im Neubau an: Maßstab- und strukturbildendes Element sind quadratische Einzelbaukörper, die in den beiden obersten Geschossen Penthousewohnungen mit großzügigen Dachterrassen enthalten. Die Richtung zur Innenstadt ist durch eine besondere Eckausbildung markiert.

Die Wohnungen sind Nord-Süd-orientiert. Nebenräume schirmen zur Bismarckstraße hin ab, Wohnräume, Terrassen, Balkone öffnen sich nach Süden zur Parkanlage und der dahinterliegenden Saar.

33
Wohnbebauung Moltkestraße
Saarbrücken

Bauherr: Saarbrücker Gemeinnützige Siedlungsgesellschaft mbH Betzenstraße 6, Saarbrücken

Planung: 1982

Bauzeit: 1983–1984

Architekt: Bernhard Focht, Saarbrücken

Künstler: Ronaldo Bigi, Pietrosanta

Literatur: Glasforum 9/86
DBZ Deutsche Bauzeitschrift 9/86

Die lange Zeit als Wohngebäude genutzten Kasernen an der Moltkestraße sollten durch zeitgemäße soziale Wohnungsbauten ersetzt werden.
Der schmale, lange Bauplatz ist zu beiden Seiten flankiert von Nord-Süd- gerichteten mehrgeschossigen sozialen Wohnungsbauten aus den 50er Jahren, einfachen prismatischen Baukörpern.
Die Neubauten wurden als „Rückgrat" der Gesamtanlage entlang der Moltkestraße konzipiert. Die Pultdachflächen erhielten die gleiche Richtung wie die Dächer der benachbarten Bauten. Im Gegensatz zu diesen wurden die neuen Baukörper stark gegliedert, jedoch nach einfachen Prinzipien: Das Sockelgeschoß dient als Pkw-Abstellplatz und ist allseitig offen. Das nimmt den langen Baukörpern nicht nur die Wirkung einer Wand mit großer schattiger Nordseite, sondern ermöglicht vor allem evtl. Methanaustritten das gefahrlose Entweichen in die freie Atmosphäre.
Die Gebäudehöhe wird optisch reduziert und plastisch geformt durch die höhenversetzt zurückspringenden blechbekleideten Obergeschosse. Zusätzlich schaffen in Abständen von jeweils zwei Wohnungen die in den beiden unteren Geschossen offenen Treppenhäuser Durchblicke.
Die mittleren Treppenhäuser der beiden Bauten sind hoch oben am Giebel durch großflächige, reliefartige, farbfröhliche Kunstobjekte von Prof. Ronaldo Bigi skandiert: „Der lachende Mond" und „Schnee über der Moltkestraße".
Filigrane leichte Stahlgitterbrücken auf beiden Gebäudeseiten zu den Treppenhäusern und unmittelbar zu den Erdgeschoß-Wohnungen auf der Südseite verflechten das auf Stützen stehende Gebäude mit dem umliegenden Gelände. Ähnliche Stahlkonstruktionen wachsen an der Fassade bis zum zweiten Wohngeschoß empor und dienen als Balkon. So entstand eine markante Wohngebietsmitte, die sowohl ihre Baumasse vergessen macht als auch vorzüglich der Orientierung dient: eine Definition eben dieses Ortes.

Gesamtansicht Südseite

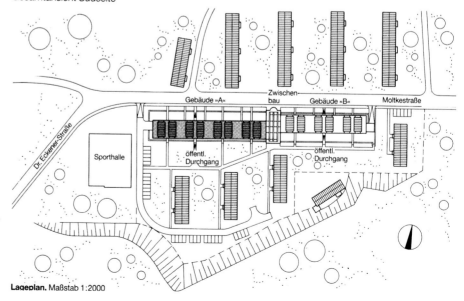

Lageplan. Maßstab 1:2000

34
Wohn- und Geschäftshaus
Saarbrücken, St. Johanner Markt 14

Bauherr: Saarbrücker Gemeinnützige Siedlungsgesellschaft mbH, Saarbrücken

Planung: 1984–1985

Bauzeit: 1985–1986

Architekt: Bernhard Focht, Saarbrücken

*Literatur: Glasforum 5/86
db deutsche bauzeitung 3/90*

Da, wo die Kappengasse ins Zentrum des Sanierungsgebietes St. Johanner Markt mündet, haben beide Eckhäuser eine besondere Bedeutung sowohl von der Geschichte her als auch für das Platzbild. Das rechte Haus dokumentiert nicht einen geschichtlichen Zustand, sondern geschichtliche „Schichtung".
Das eigentliche Eckhaus wurde vor mehr als 100 Jahren, als zur Verbesserung des Brandschutzes die Kappengasse drastisch verbreitert wurde, auf eine minimale Breite von ca. vier m „zurückgebaut". Die heute sichtbare barocke Fassade gehörte zu dem Nachbarhaus. Sie wurde im 18. Jahrhundert zur Stabilisierung und Modernisierung vor eine ältere gesetzt. In Breite und Höhe erhalten, dokumentiert sie die alte Fassade und bestimmt das „Gesicht" des heutigen Hauses. Unter diesem Gesichtspunkt ordnet sich das neue Haus der Fassade unter. Es ersetzt die dahinterliegende ganz alte Substanz. So liegt z.B. die Traufe in Höhe der der Nachbarhäuser, jedoch gegenüber der historischen Fassadenebene ca. 1,5 m zurückgesetzt. Entsprechend dem historischen Zustand blieb auch das Erdgeschoß ca. 0,7 m unter Platzniveau abgesenkt, um die erforderliche Raumhöhe zu behalten.
Die neue Bausubstanz wurde konsequent bis ins Dach hinein von der alten durch Glas getrennt. In der Kappengasse erfolgte die Trennung vom Nachbargebäude durch die Öffnung des Treppenhauses zur Kappengasse hin.
Auch die heutige Nutzung ist ortsgerecht: Das Erdgeschoß und 1. Obergeschoß werden durch Läden und gewerblich genutzt. Im 2. Obergeschoß liegen Wohnungen, teilweise als Maisonettewohnungen bis unters Dach mit geschützt liegenden Dachterrassen.
Das alles mußte mit einer Grundstücksfläche von nur 162 qm auskommen.

◀ Ansicht Kappengasse

35
Sanierung und Umbau St. Johanner Markt 8 „Tante Maja" – „St. Pauli"

Saarbrücken, St. Johanner Markt 8

Bauherr: Eheleute Hager, Saarbrücken

Architekt: Dietmar Kolling, Saarbrücken

Literatur: Saarheimat, 36. Jg., 1–2/1992

Am Eingang der Kappengasse hat dieses Eckhaus eine besondere Bedeutung, sowohl von der Geschichte her als auch für das Platzbild.
Die „Tante Maja", wie das linke Haus im Volksmund heißt, galt lange Zeit als das älteste am St. Johanner Markt, der gotischen Fenstergewände wegen. Verbürgt ist, daß am 5.4.1503 ein Brand weitgehend die mittelalterlichen Bauten am Markt zerstört hat. Gesicherte Erkenntnis ist auch, daß etwa um 1680 ein Neubau einen älteren Bau unter Verwendung mittelalterlicher Bausubstanz (Cheminée) ersetzte.
Dieser enthält die erwähnten Fenstergewände und die Holzbalkendecken mit vier profilierten Eichenholzbalken über dem 1. und 2. Obergeschoß aus der Zeit um 1680. Ein auf dem Boden aufstehender Vorbau im Stile der Renaissance wurde 1927 „wegsaniert". Dennoch bildet der heute vorhandene Bau ein Stück Baugeschichte, das sehr behutsam behandelt wurde. Die bisher barocken Fassadenfarben wurden durch die ältesten vorgefundenen vorbarocken ersetzt. Neue Zutaten ordnen sich unter, ohne aber so tun zu wollen, als ob sie alt wären. Das gilt für das Material ebenso wie für die Form.
Die Nutzung entspricht fast der Idealvorstellung für den Markt: Die beiden unteren Geschosse sind Gaststätte, das 2. Obergeschoß ist Funktionsgeschoß und auf beiden Ebenen unter dem hohen Dach liegt eine Wohnung.

Obergeschoß

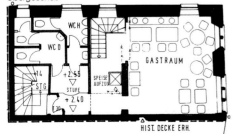

36
Hochwasserdammschloß
Saarbrücken-Altenkessel,
Luisenthalerstraße B 51

Bauherr: Saarbergwerke AG
Trierer Straße 1, Saarbrücken

Planung: 1986–1987

Bauzeit: 1986–1989

Architekten: Miroslav Volf und
Katharina Hrankovicova †,
Saarbrücken

Das Gebiet ist durch Grubensenkungen in hohem Maße gefährdet. Deshalb wurde vorsorglich ein Hochwasserschutzdamm gebaut. Diesen durchschneidet eine Bundesstraße. So muß im Notfalle die Lücke im Damm mit transportablen Dammbalken und Pfosten geschlossen werden. Die Ableitung des auf diese (temporären) Bauteile wirkenden Wasserdruckes bildete die Bauaufgabe. Zwei Türme wirken als Konsolen. Sie vermitteln die Lastableitung auf einen Flachträger, der als Fußgängerbrücke ausgebildet wurde. Die beiden Türme wurden formal soweit ausgestaltet, daß sie als erinnerbare „Landmarken" dienen können – etwas mehr als eine rein ingenieurtechnische Lösung.

37
Kaufmännisches Berufsbildungszentrum Brebach-Fechingen
Saarbrücken, Kurt-Schumacher-Straße

Bauherr: Stadtverband Saarbrücken
Schloßplatz 1–15
Saarbrücken

Planung: 1980–1981

Bauzeit: 1981–1982

Architekt: Bernhard Focht, Saarbrücken

Künstler: Leo Kornbrust, St. Wendel
Lukas Kramer, Saarbrücken

1. Preis eines Architektenwettbewerbes

BDA-Preis 1983

Literatur: Glasforum 2/84
Architektur und Wettbewerbe 123
Bauwelt 47 12/85

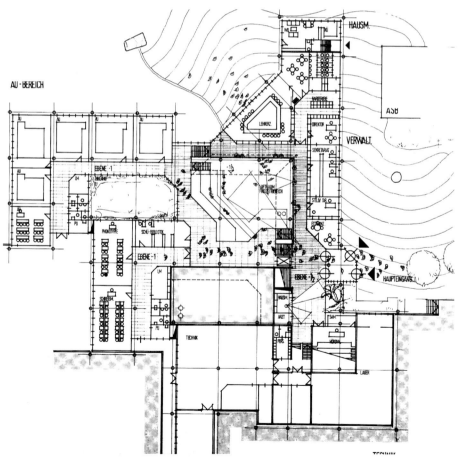

Der mit dem 1. Preis des Architektenwettbewerbes ausgezeichnete Entwurf mußte für ein vom Wettbewerbsgelände 500 m entferntes Hanggrundstück, nahe dem Rathaus Brebach-Fechingen, umgearbeitet werden. Die den verkehrsreichen Straßen zum Teil abgewandten winkelförmigen Klassentrakte staffeln sich diagonal zur zentralen offenen Mehrzweckhalle hinauf.

Schon vor dem Eingang empfängt die Gestaltung von Prof. Leo Kornbrust den Besucher, was sich in der Halle hinter dem Eingang in der von Lukas Kramer fortsetzt. Seine plastische Wandgestaltung scheint sich aufzulösen in Elemente, die sich auch in der Dachkonstruktion wiederfinden. Die künstlerische Gestaltung verfestigt sich zur Konstruktion des Gebäudes in einem großachsigen statischen System.

Kinder und Jugendliche in einem prägefähigen Alter werden mit der Gegenwart, wie sie sich als Bauwerk darstellt, konfrontiert.

38
Einfamilienhaus
Saarbrücken-Güdingen,
Beim Tilgesbrunnen 30

Bauherr: Herbert Huppert

Planung: 1992

Bauzeit: 1992–1993

Architekten: Werner Huppert und Herbert Huppert, Saarbrücken-Güdingen

Das Haus entwickelt sich von der an die ebene geschlossene Fläche der Nordwand gelehnten einläufigen Treppe her. Die „Raumfolge" wandert mit ihr den Berg hinauf, drei Ebenen stufen sich übereinander:
Der Eingang mit Hof, die Wohnebene mit Garten und die Schlafebene mit Dachterrasse. Der klaren Raumdisposition entspricht der Baukörper in seiner klaren kubischen Formensprache, den weißen Putzflächen, den naturfarbenen Holzfenstern und Fußbodenplatten aus gebranntem Ton. Bei allem richtet sich die Orientierung der Wohn- und Schlafräume nach dem täglichen Sonnenlauf. Die inneren Raumzusammenhänge sind offen, einfach aber differenziert, funktional.

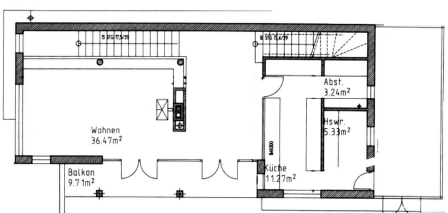

39
Doppel-Wohnhaus
Saarbrücken-Güdingen,
Höhenweg 6 und 8

Bauherren: H. und M. Huppert

Planung: 1984

Bauzeit: 1984

Architekten: Werner Huppert und Herbert Huppert, Saarbrücken-Güdingen

▲ *Straßenansicht*

▼ *Gartenansicht*

Das Grundstück ergab einen schmalen, langen Baukörper senkrecht zum Hang. Die zweigeschossigen Doppelhaushälften wurden mit einem Satteldach zu einem Baukörper zusammengefaßt, an den sich Gewächshäuser in der terrassierten Außenanlage anschließen.
Die Wohnebene ist als Einraum konzipiert mit eingestellten, gliedernden Baukörpern und außen weiterführenden Freiräumen.

40
Wohnhaus
Saarbrücken-Güdingen, Bergstraße 30

Bauherr: Prof. Bernhard Focht und Ingrid Lafontaine

Planung: 1994

Bauzeit: 1995–1996

Architekt: Bernhard Focht, Saarbrücken

Künstler: Paul Schneider, Merzig-Bietzen
Gerd Winner, München
René Roubicek, Prag

Literatur: Bydleni (Wohnen), Prag 1996, S. 20–23

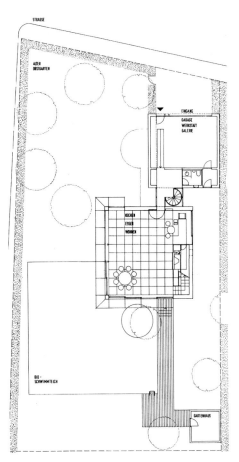

In der Reihe der Einzelwohnhäuser an der Bergstraße wuchs äußerst zurückhaltend eines wie eine kubische Kristallkonfiguration. Die Maßsprünge betragen in allen drei Dimensionen 90 cm. Es bildeten sich Durchdringungen wie die der Sonnenschutzpergola mit dem Hauptkubus, ferner Negativvolumina wie bei der Dachterrasse. Distanzstücke ganz aus Glas, wie z.B. zwischen großem und kleinem Kubus, scheinen fast materielos.
Wie in statu nascendi, im Augenblick des Entstehens, wirkt der „zweidimensionale Kubus", der als quadratische, spiegelnde Wasserfläche in den großen Kubus einzuschneiden scheint. Wände aus Beton und Glas lassen ihn, fast nicht sichtbar, nach unten in die Erde hinein, in die dritte Dimension wachsen.
Dieser geometrischen Prägnanz entspricht die funktionale Organisation. Man betritt das Haus im kleineren Kubus mit Eingangsbereich, zugleich Stellplatz für die beiden Autos, und darunter einer Einliegerwohnung.
Über eine leichte Rampe, flankiert von Vitrinen mit skurril schönen Gläsern, erreicht man die Wohnebene im großen Kubus. Die Schlafebene liegt darüber, eine Atelierebene darunter.
Die Zugangsachse durchläuft geradlinig das Haus. Sie führt bis ans Ende des Schwimmbeckens und schiene sich im Garten zu verlieren, wenn da zur Rechten nicht die Stahlplastik von Paul Schneider stünde.
Das räumliche Spiel der Kuben untereinander wie auch mit den Außenräumen wird ergänzt durch gleichermaßen eigenständige wie mit dem Bau verwachsen wirkende Bilder und Objekte.

41
Sporthalle mit Feuerwehrgerätehaus
Saarbrücken-Scheidt, Schulstraße

Bauherr: Landeshauptstadt Saarbrücken, vertreten durch das Städtische Hochbauamt

Planung: 1988

Bauzeit: 1989

Architekt: Elmar Scherer, Saarbrücken

Die alte Schulturnhalle mußte durch eine neue mit angesetztem Feuerwehrgerätehaus ersetzt werden. Bei einfacher, funktionaler Grundrißform gewinnt das Gebäude seine Eigenart durch den metallbelegten Dachkörper mit linsenförmigem Querschnitt, der über den quaderförmigen Sockel aus hellem Klinkermauerwerk zu schweben scheint. Der schräge Gebäudeabschnitt am verglasten Eingang wird durch die spitz vorspringende Dachfläche kompensiert.
Der gleiche Eindruck findet sich im Inneren der Halle: ruhige, durch den Wandsockel horizontal geteilte Wandflächen und darüber der hier offene Dachkörper, die Konstruktion aus violetten, die Luftführung aus dickeren gelben, sich verzweigenden Rohren. Darüber öffnet sich die Dachfläche in der Längsachse in einem flachen Oberlicht.
Von gleicher Qualität erscheint der Gebäudeteil für die Feuerwehr mit dem Übungssaal im Obergeschoß.

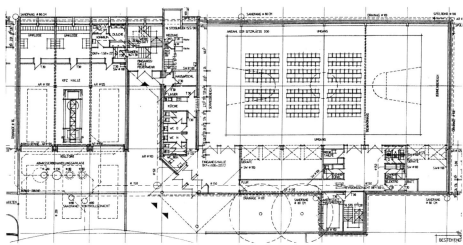

81

42
Pfarrheim und Kindergarten der katholischen Gemeinde Mariä Heimsuchung
Heusweiler, Trierer Straße 8

Bauherr:	Katholische Kirchengemeinde Heusweiler, Trierer Straße 8, Heusweiler
Planung:	1993–1994
Bauzeit:	1994–1995
Architekten:	Wandel, Hoefer und Lorch, Saarbrücken

1. Preis eines Architektenwettbewerbes

Das Pfarrheim setzt die traufständige Straßenrandbebauung bis kurz vor den alten Chor der Kirche fort und schirmt so den tieferliegenden Kirchplatz gegenüber der verkehrsreichen Trierer Straße ab, läßt aber gleichzeitig einen Fußweg zum jenseits der Kirche liegenden Marktplatz offen.

Der Kirchplatz wird gefaßt im Westen durch die hohe sandsteinbekleidete Wand der Kirche, im Osten durch das flache Eingangsbauwerk für Pfarrhaus und Kindergarten und nach Süden durch den Kindergarten selbst. Er öffnet sich auf der Gegenseite mit seinen Räumen zum Grün des Köllerbaches.

Im Inneren bildet eine Spielstraße das räumliche Rückgrat und erweitert den Erfahrungsbereich der Kinder.

Auf der Straßenseite wird die durch die Strebepfeiler und Gebäuderücksprünge starke Plastizität der Kirche durch das weit vorspringende Dach über dem Pfarrsaal „reflektiert".

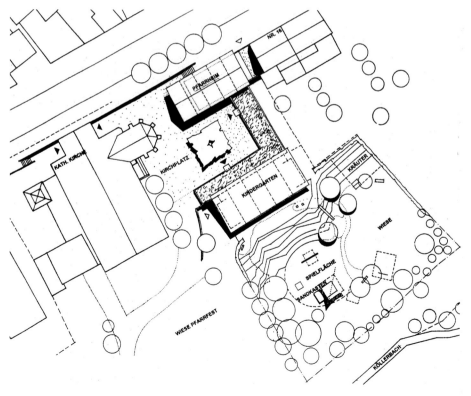

43
Rathaus Heusweiler
Heusweiler, Riegelsberger Straße

Bauherr: Gemeinde Heusweiler

Planung: 1986–1989

Bauzeit: 1986–1989

Architekten: Miroslav Volf und Katharina Hrankovicova †, Saarbrücken

1. Preis eines Architektenwettbewerbes

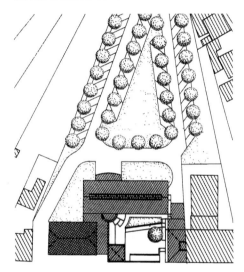

An der langen Riegelsberger Straße in Heusweiler lag vor gar nicht langer Zeit das Rathaus leicht übersehbar, belanglos und gegenüber der Bauflucht zurückgesetzt. Das Gebäude ist heute immer noch Rathaus, aber durch die Ergänzungsbauten sichtbar und würdig geworden.
Mit seinem gestalteten Vorplatz wird die bisherige Baulücke zusammen mit dem an der Straße liegenden signifikanten Eingangsbaukörper zu einem unverwechselbaren Ort. Der Sandstein als Fassaden- und Vorplatzmaterial ist ortstypisch, öffentliche Gebäude markierend.
Rampen und Treppenläufe führen von der Straße über den Vorplatz raumbildend und raumdifferenzierend ins Gebäude und erschließen in der oberen Ebene Sitzungssäle unterschiedlicher Größe. Die Ausbaudetails entsprechen in vollkommener Weise der Baukonzeption.

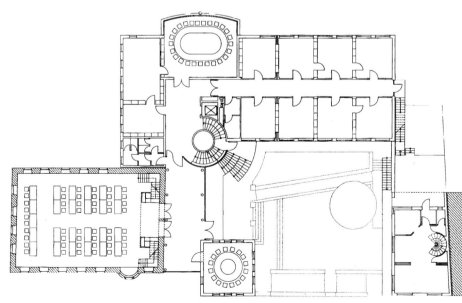

44
Rathaus Riegelsberg
Riegelsberg, Saarbrücker Straße 33

Bauherr: Gemeinde Riegelsberg
Saarbrücker Straße 33, Riegelsberg

Planung: 1990–1991

Bauzeit: 1991–1993

Architekt: Bernhard Focht+Partner, Saarbrücken

Künstler: Oswald Hiery, Wallerfangen-Ihn
René Roubicek, Prag
Ivo Simanek, Prag
Lukas Kramer, Saarbrücken

1. Preis eines Architektenwettbewerbes

Literatur: Umeni a remesia (Kunst und Handwerk), Prag 1996, S. 26-28

Nahe dem Marktplatz, die Verbindung zur Parklandschaft, zur Steigerstraße, offenhaltend, ist das neue Rathaus situiert. Zwei Baukörper, mit einer Brücke verbunden, begleiten diesen Weg. Der langgestreckte Hauptbau, mit Erweiterungsmöglichkeit zur Saarbrücker Straße, bildet den Verwaltungsbereich. Sitzungs- und Fraktionsräume, auch Mehrzweckbereich, liegen im zweiten Baukörper – mit eigenem Zugang. Die Verbindungsbrücke beherbergt Cafeteria mit Küche.
Mit einfachen Mitteln wurde die Öffnung zur Parklandschaft erreicht. Die Brücke belegt nur das 1. Obergeschoß. Darüber und im Erdgeschoß bleibt die Landschaft sichtbar, auch weil der Freiraum zwischen den Baukörpern sich dem Blickwinkel entsprechend öffnet.
Die beiden Hauptbaukörper sind in den beiden unteren Geschossen aus Kalksandstein-Sichtmauerwerk errichtet. Das 2. Obergeschoß ist ab Brüstungshöhe bis unter die ziegelgedeckten einfachen Sattel- und Pultdächer verglast.
Das blaugraue Sprossenwerk der Verglasung korrespondiert mit der Naturfarbe der Dachziegel und der des Kalksandsteines. Die Fassaden wirken selbstverständlich, ohne simpel zu sein. Im Inneren wird die Farb- und Materialskala durch Naturholz ergänzt. So bleibt Freiraum genug für Kunst, wie Glaslichtkunst mit der Fähigkeit, Sitzungssaal, Hauptfoyer und Trauzimmer auszuleuchten von Prof. Roubicek, wie Farbgestaltung allgemein von Lukas Kramer, wie Ergänzung der transparenten Treppenhausfensterscheiben durch farbige Glaselemente von Roubicek oder wie die Brunnenplastik „Die Bürger auf dem Weg zum Rathaus" von Oswald Hiery, als Auftakt auf dem Eingangsplateau.

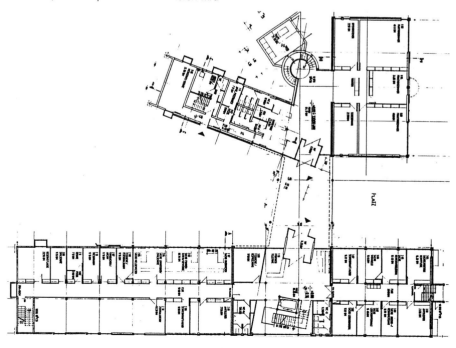

45
Kulturzentrum Sulzbach
Sulzbach, Straße auf der Schmelz

Bauherr:	Stadt Sulzbach, vertreten durch das Städtische Bauamt
Planung:	1987
Architekten:	Werner Huppert und Herbert Huppert, Saarbrücken-Güdingen in Arge mit Miroslav Volf und Katharina Hrankovicova †
Literatur:	Saarheimat, 30. Jg., 11/1986, S. 298 f.

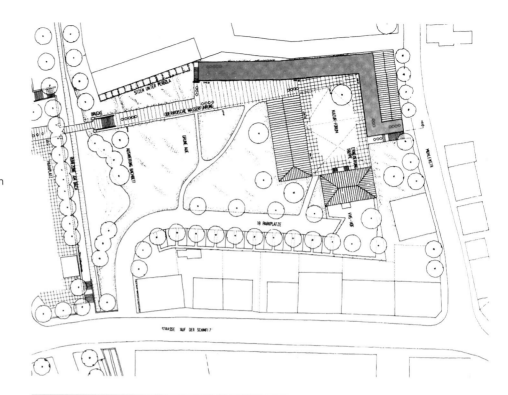

Die bestehenden Altbauten, das Salzbrunnenhaus, das Haus Weber und das Salzherrenhaus, sind als wichtige Dokumente der Salzgewinnung in Sulzbach der Anlaß zur Neuorientierung für ein Kulturzentrum gewesen.
Sie werden ergänzt durch den hofbildenden, langgestreckten, winkelförmigen Neubau der Bibliothek mit Lesesaal im Obergeschoß. Bei der Umnutzung der Altbauten wurde auf den Erhalt der Raumstruktur und die Erkennbarkeit der neuen Bauteile geachtet.
Das Salzbrunnenhaus, als „Einraum", wird als Veranstaltungsraum genutzt. Im Untergeschoß sind die Reste der Brunnenanlage zu besichtigen.
Die kleinteilige Raumstruktur des anschließenden Hauses Weber enthält Treppenhaus, Foyer und Nebenräume.
Das Salzherrenhaus schließlich dient der Verwaltung und beherbergt Werkräume.

rechts: Teilansicht der Stadtbibliothek

46
Mehrfamilienwohnhaus
Sulzbach, Richard-Wagner-Straße 46

Bauherr: J. und Dr. R. Gombert
Richard-Wagner-Straße 46, Sulzbach

Planung: 1993

Bauzeit: 1994–1995

Architekt: Manfred Schaus, Sulzbach

Am steilen Hang mit Blick über Sulzbach steht dieses Haus. Die Eingangsseite zur Straße hin empfängt mit architektonischer Geste: Sichtmauerwerk mit horizontaler Bandstruktur und weit auskragendes Vordach über dem Eingang, gesteigert durch ein ebensolches Dach auf der Dachgaube darüber. Zinkblechverkleideter Kniestock, in der Höhe versetzte Satteldachflächen zeigen die Haltung des Hauses im Inneren: Die Bauteile, als solche deutlich ausgeprägt, bilden Räume, fließend im Haus und auf Terrassen und Balkone hinaus. Ein anregendes Miteinander von Bewohner und seinem Gehäuse.

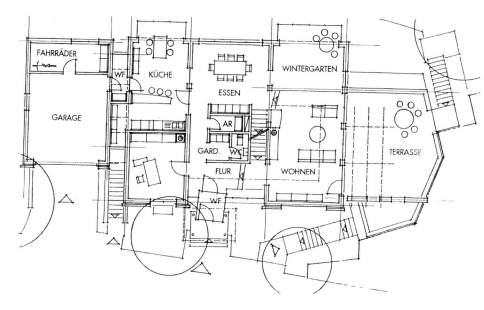

47
Einfamilienwohnhaus
Sulzbach, Wilhelm-Gehrlein-Straße 14

Bauherr: Roswitha und Hans-Werner Zimmer-Eisel
Wilhelm-Gehrlein-Straße 14,
Sulzbach

Planung: 1993

Bauzeit: 1993–1994

Architekt: Manfred Schaus, Sulzbach

Sonderpreis im Wettbewerb
„Preiswertes Bauen 1995"

Literatur: „Schöner Wohnen" 10/96
Saarbrücker Zeitung, Stadtverband
Saarbrücken, Nr. 260 v. 8. 11. 1996,
S. L 7

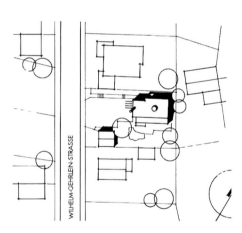

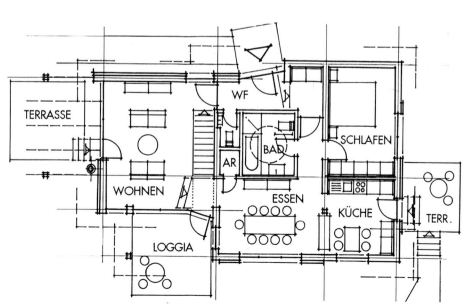

Dem Bebauungsplan entsprechend wurde das Haus von der Straße weit zurückgesetzt. Es gewinnt dadurch einen besonders günstigen Landschaftsbezug.

Das Haus erfüllt ein kleines Raumprogramm auf großzügige Weise. Offene Raumzusammenhänge, Durchblicke und Durchgänge innen werden ergänzt durch Raum- und Baukörperinszenierung außen. Wohnen im Freien, im Übergangsbereich zwischen innen und außen, ist auf mehreren Ebenen möglich. Die Bewohner können bei jedem Sonnenstand Wärme oder Schatten wählen.

48
Finanzamt Völklingen
Völklingen, Marktplatz

Bauherr: Minister für Finanzen, vertreten durch das Staatliche Hochbauamt

Planung: 1987–1988

Bauzeit: 1988–1990

Architekten: Klaus Krüger + Lutz Rieger, Saarbrücken

Künstler: Thomas Wojciechowicz, Saarbrücken

1. Preis eines Architektenwettbewerbes

Literatur: AIT „Architektur, Innenarchitektur, technischer Ausbau" 10/90
„architektur & wirtschaft", Nr. 19, 8. Jg., 7/92

Der langgestreckte Marktplatz in Völklingen ist an seinen Süd- und Nordrändern durch geschwungene, den Höhenkurven folgende Hauszeilen begrenzt. In seiner Mitte und an seinem östlichen Ende wurden nach einer Generalplanung aus den 60er Jahren das Postamt, das Rathaus und das Hallenschwimmbad in einem orthogonalen, die Topographie negierenden Raster gebaut. 1986 begann man, die zu Anfang dieses Jahrhunderts gewachsene nördliche Hauszeile zu sanieren und zu rekonstruieren. Zu diesem Zeitpunkt sollte das Ergebnis eines Architektenwettbewerbes die städtebauliche Situation auch in Verlängerung der südlichen Hauszeile durch den anstehenden Bau des Finanzamtes in Ordnung bringen.

Der Entwurf entwickelte sich aus dem Wunsch, die Stadträumlichkeit an dieser Stelle neu zu definieren: Platzwand nach Norden, Straßenraum für die Straße „Am Finanzamt" und Innenstadtbegrenzung nach Osten zum Grünraum. Die so entstandenen langen Gebäudeaußenfronten boten die Möglichkeit, alle ständig genutzten Arbeitsräume, natürlich belichtet und belüftet, im Erdgeschoß, 1. und 2. Obergeschoß, der Höhe der umgebenden Bebauung, anzuordnen, im Erdgeschoß mit Durchgang zum Grünraum. Der so gewonnene dreieckige Freiraum im Kern des Gebäudes wurde zu einer „begehbaren Plastik" ausgeformt: Senkrecht stehende Zylinder verschiedenen Durchmessers und unterschiedlicher Farbe für Besprechungsräume, Aufzug und Stützen sowie in verschiedenen Richtungen diagonal frei im Raum liegende Treppenläufe ergeben zusammen mit anderen Elementen eine Vielfalt von „Innenraumerlebnissen". Vorbereitend hierzu und vom Marktplatz zum Grünraum leitend sind mächtige Stahlelemente, von Thomas Wojciechowicz aus einem Stahlbarren getrennt, im und am Durchgang vor dem Haupteingang vorgesehen und im östlich anschließenden Grünraum bereits aufgestellt. Massiver Stahl in Erinnerung an Völklingens Vergangenheit.

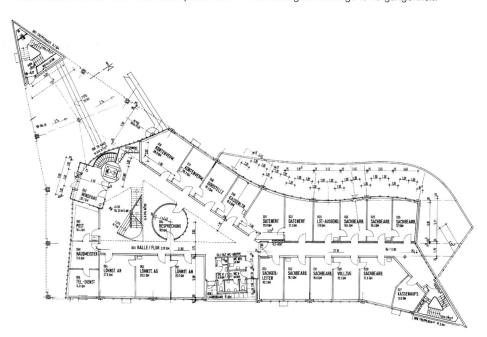

49
Neubau der Groß-Kläranlage Völklingen
Völklingen

Bauherr: Abwasserverband Saar
Mainzer Straße 261, Saarbrücken

Planung: 1989–1991

Bauzeit: 1991–1994

Architekt: Bernhard Focht, Saarbrücken

Farbberatung: Lukas Kramer, Saarbrücken

BDA-Preis 1995

Literatur: db deutsche bauzeitung 11/95

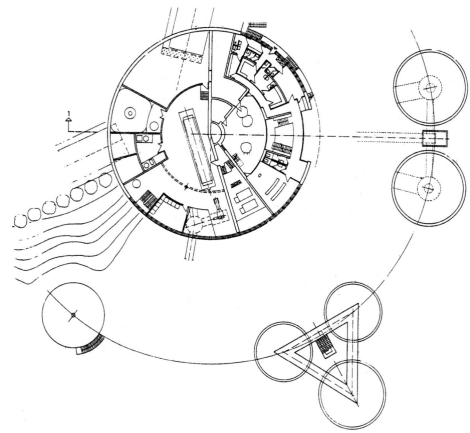

Ein einziges Konzept für Landschaftsplanung, Ingenieurwissen und Architektur führte zu dieser Lösung. Das Betriebsgebäude mit Brücken, Parkdeck, Treppen, den unterschiedlichen Funktionsräumen für Labor, Werkstatt, Sozialräume, Büroräume, Leitwarte, der Sieb- und Containeranlage, der mechanischen Reinigungsstufe, der Schlammentwässerung, dem Blockheizkraftwerk und nicht zuletzt dem Abwasserzulauf zeigt trotz seiner formalen Detailvielfalt diese sammelnde Funktion in Form eines zylindrischen Baukörpers.
Von hier erfolgt die Klärung formal wie funktional an axialer symmetrischer, der Fließrichtung entsprechender Anordnung zunächst durch runde, dann durch langrechteckige Behälter.
Funktionale Abläufe werden durch Formgebung interpretiert.

50
Alte Völklinger Hütte
Rathausstraße, Völklingen

Eigentümer: Saarland

Sanierung, Umnutzung Gasgebläsehalle
Instandsetzung 1988–1989
Sanierung u. Umnutzung 1995–1996
Umnutzung Handwerkergasse 1990
Umnutzung Hochofenbüro 1993
Begehbarmachung Hochofen 6 1994
Begehbarmachung Schrägaufzug 1995–1996
Umnutzung Sinterlabor 1996

Gesamtkonzept: Staatliches Konservatoramt

Architekten:
Gasgebläsehalle: Bernhard Focht, Saarbrücken; Hans-Thomas Stolpe, Saarbrücken
Handwerkergasse, Hochofen 6, Schrägaufzug, Sinterlabor: Werner Huppert und Herbert Huppert, Saarbrücken-Güdingen

Literatur: db deutsche bauzeitung 3/90
Harald Glaser, Georg Skalecki, Museumsweg Alte Völklinger Hütte, Saarbrücken 1994

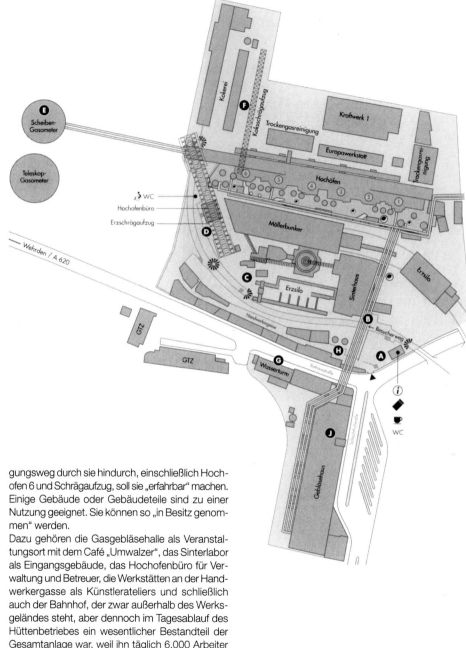

Etwa 200 Jahre lang war das Bild vom Saarland geprägt von Kohle und Stahl, dem Schmutz, der dadurch erzeugt wurde, aber auch den Arbeitsplätzen, die durch ihre Eigenart die Wohn- und Lebensbedingungen in großen Teilen des Landes geformt haben.
Seit wenigen Jahrzehnten rauchen die Schlote nicht mehr. Die Hochofengruppen rosten kalt vor sich hin. Die Frage: können und wollen wir auf diese, unsere Vergangenheit verzichten? konnte nur verneint werden. Die zentral liegende Anlage in Völklingen (1873–1986) ist in großen Teilen noch im Originalzustand und daher bestimmt worden, der unmittelbaren Anschauung erhalten zu bleiben, nicht nur für dieses Land, sondern weltweit als Weltkulturerbe. Als solches wurde es 1994 anerkannt.
Diese Hüttenanlage zur Eisen- und Stahlgewinnung zeigt alle erforderlichen Bestandteile in ihrem originalen funktionalen Zusammenhang. Ein Besichtigungsweg durch sie hindurch, einschließlich Hochofen 6 und Schrägaufzug, soll sie „erfahrbar" machen. Einige Gebäude oder Gebäudeteile sind zu einer Nutzung geeignet. Sie können so „in Besitz genommen" werden.
Dazu gehören die Gasgebläsehalle als Veranstaltungsort mit dem Café „Umwalzer", das Sinterlabor als Eingangsgebäude, das Hochofenbüro für Verwaltung und Betreuer, die Werkstätten an der Handwerkergasse als Künstlerateliers und schließlich auch der Bahnhof, der zwar außerhalb des Werksgeländes steht, aber dennoch im Tagesablauf des Hüttenbetriebes ein wesentlicher Bestandteil der Gesamtanlage war, weil ihn täglich 6.000 Arbeiter zweimal passierten.
Die Gebäudeunterhaltung und vorsichtige Anpassung an die Nutzung erfolgt durch Architekten als deren originäre Aufgabe: Orte zu definieren, zu erhalten, zu prägen, „sie durch die Zeit zu führen".

Kreis Saarlouis

51
Landeszentralbank in Rheinland-Pfalz und im Saarland
Zweigstelle Saarlouis
Saarlouis, Am Saaraltarm 2

Bauherr:	Landeszentralbank in Rheinland-Pfalz und im Saarland Hegelstraße 65, Mainz
Planung:	1984
Bauzeit:	1985–1988
Architekten:	Arbeitsgemeinschaft Helmut Striffler, Mannheim Klaus Krüger + Lutz Rieger, Saarbrücken
Gartenarchitekt:	Wolfgang Walter, Saarbrücken
Künstler:	Wandplastik: Franz Bernhard Jockgrim Wandmalerei: Fritz Fuchs, Järna, Schweden

Anerkennung im Rahmen des Architekturpreises des BDA Sarland 1995

Literatur:

AIT „Architektur, Innenarchitektur, technischer Ausbau" 12/89, S. 14

Die Zeit, Nr. 18 v. 28.04.1989

db deutsche bauzeitung 3/90, S. 54

„Ambiente" 4/90, S. 22

FAZ, Feuilleton vom 18.04.1990

„Saar Wirtschaft" 5/90, Mitteilungen der IHK des Saarlandes, S. 255

L'architettura 6/93, Milano, S. 432,

Katalog „Helmut Striffler. Licht Raum Kunst eine Ortsbestimmung" Stuttgart 1987, S.138

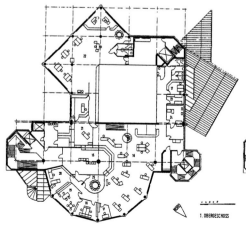
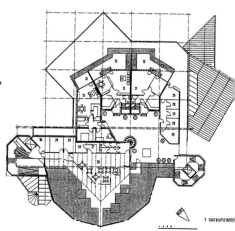

Das Raumgefüge ist nach dem Prinzip der „Wagenburg" um den Tresorkern geordnet. So ist eine moderne „Festung" entstanden. Die Mitarbeiter aber könnten nicht ohne weiteres zusammen mit dem Geld dort hineingesteckt werden, ohne daß kerkerhafte Arbeitsbedingungen entstehen würden. Daraus folgt für den Gestaltungsfindungsprozeß ein ständiges Abwägen zwischen Offenheit, der Menschen wegen, und Geschlossenheit, des Geldes wegen.

So erwächst, auch durch die Mitwirkung der bildenden Kunst, ein Raumgefüge weit über das Stoffliche hinausführend und wohl auch als Hinweis auf die Hoheitlichkeit tauglich. Bei der Bildhauerarbeit von Franz Bernhard Jockgrim zeigt das grobe Holz die Spuren seiner Bearbeitung, Schlag auf Schlag, und auch die Schweißnähte kann man verfolgen. Ein Geflecht von Raumkanten entsteht, unterstützt durch die Lichtführung. Ähnliches gilt für die massiven Betonwände. Sie scheinen, als hätten sie durch die lasierend mehrschichtigen Abtönungen des Kunstmalers Fritz Fuchs ihre Schwere verloren und bedeuten doch Festigkeit. Der Ausbau ergänzt als „Installation" die Ortbetonkonstruktion.

An den notwendigen Stellen lädt das Gebäude zum Anfassen ein. Bestimmte Zonen wiederum sind tabu. Dazu wurden Materialien im Hinblick auf ihre Mentalität und Tauglichkeit ausgewählt. Sie erzeugen ästhetische Spannung und Bandbreite. Das Erdgeschoß wird von Zugängen und Zufahrten geprägt. Es entsteht eine Wegehierarchie. Das Bankgeschoß auf Ebene +1 dient unter höchsten Sicherheitsanforderungen voll der Geldbearbeitung – geringer Einblick, maximaler Ausblick. Das Wohn- und Pausenraumgeschoß bildet eine Art Gegenort. Er ist separat erschlossen und bei aller Nähe von den Zonen der Geldbearbeitung von diesen „abgehoben".

52
Vereinshaus mit Marktplatz
Saarlouis-Fraulautern, Saarbrücker Straße 5

Bauherr: Kreisstadt Saarlouis, Großer Markt 1, Saarlouis

Planung: 1988–1989

Bauzeit: 1989–1992

Architekt: Dr. Ing. Karl Hanus, Saarlouis

Künstler: Leo Erb, St. Ingbert
Jo Enzweiler, Wallerfangen
Viktor Fontaine†, Saarlouis

Literatur: Marlen Dittmann, Karl Hanus. Bauten und Projekte, 1994

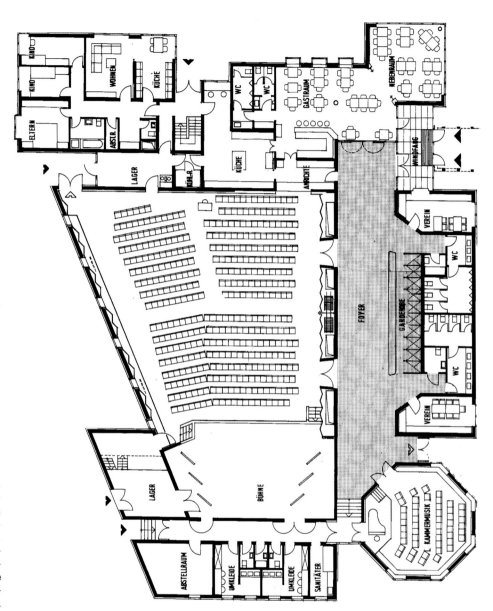

Mit dem Ziel, eine Ortsmitte zu bilden, entstand das „Gefüge" von Marktplatz und Vereinshaus mit seinen vielfältigen Bauteilen. Sie korrespondieren in ihrer unterschiedlichen Kleinteiligkeit mit der Umgebung, bilden andererseits eine eigentümliche, unverwechselbare Baufigur, eine „polyphone Baukörpergruppe" mit dem rhythmisch sich steigernden Hauptdach über dem großen Saal. Die Berücksichtigung akustischer Erfordernisse führte zu der nicht parallelen Wand des großen Saales. Dem Hauptmotiv, der bewegten Kontur des Saaldaches vorgelagert, bilden der achteckige Kammermusiksaal mit Pyramidendach und der quadratische Kubus des Restaurants mit Flachdach die beiden Gebäudeecken. Eine Betonpergola führt zwischen beiden in das Gebäude. Die Horizontale dieser Pergola kontrastiert mit der Vertikalen, der Stele von Leo Erb.
Ähnliches geschieht im Foyer zwischen Oberlicht und der Bildergruppe von Jo Enzweiler.

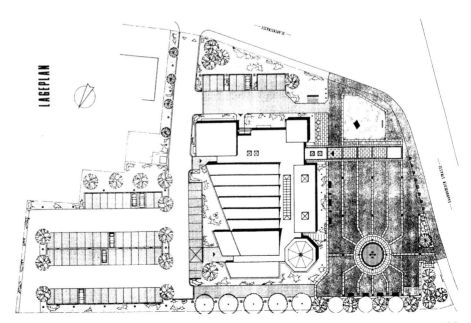

LAGEPLAN

53
Turnhalle für das Max-Planck-Gymnasium
Saarlouis, Pavillonstraße

Bauherr:	Saarland, vertreten durch das Staatliche Hochbauamt
Planung:	1986
Bauzeit:	1987–1988
Architekten:	Berthold Breidt und Wolfgang Maass, Saarlouis
Künstler:	Oswald Hiery, Wallerfangen-Ihn

Die 18 x 36 m große, teilbare Halle war mit Nebenräumen zwischen Sportfeld und Pavillonstraße, die nur 30 m auseinanderliegen, zu situieren. Die Erschließung mit Umkleiden und Naßbereichen erfolgt daher untypischerweise vor Kopf. Ein verglaster Gang zwischen Geräteräumen und Sportfeld führt mittig in beide Teile der Halle.
Die Stahlkonstruktion ist sichtbar, die Wände sind mit Gasbeton ausgefacht, eine Vorhangfassade bietet seitlichen Regenschutz. Über umlaufenden hochliegenden Oberlichtbändern verringern schräg auskragende, mit vorbewittertem Zinkfalzblech abgedeckte Dachflächen die Baumasse und bieten Sonnenschutz.

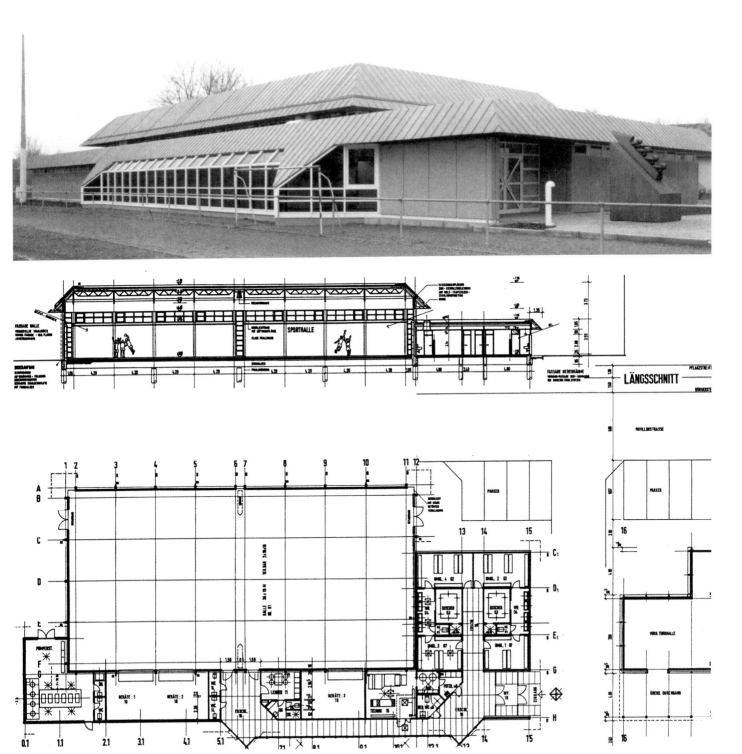

54
Kindertagesstätte Auf der Dellt
Saarlouis-Picard

Bauherr: Kreisstadt Saarlouis

Planung: 1993

Bauzeit: 1994

Architekten: Berthold Breidt und Wolfgang Maass, Saarlouis

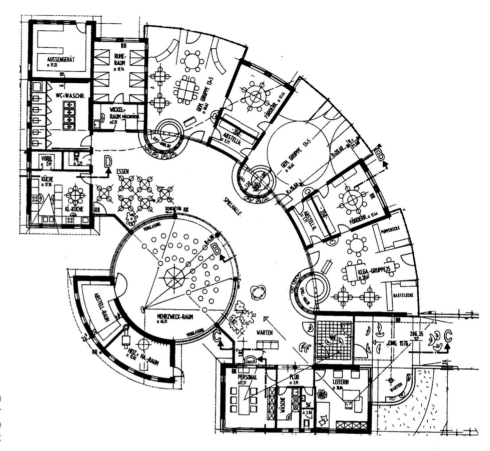

Die Kindertagesstätte liegt zwischen dem alten Ortskern Picard und dem Neubaugebiet „Auf der Dellt" auf einem Plateau, das in das stark fallende Gelände halb eingeschnitten ist und halb aufgefüllt wurde.

Der Zuweg hat zum Eingang Gefälle, führt zu einer Mulde. Um einen kreisrunden Mehrzweckraum, der sich zur Spielhalle hin öffnen läßt, fächern sich die drei Gruppenräume mit den Nebenräumen viertelkreisförmig auf. Trotz dieser strengen Geometrie entstand eine räumlich interessante Spielhalle mit gekonnt ausgeformten kanzelförmigen Kontakten zu den Gruppenräumen durch verglaste und leicht abgesenkte, von oben belichtete „Kuschel- und Spielhäuser". Das ganze Gebäude ist von der räumlichen Spannung bestimmt zwischen massiv gemauerten Räumen aus Sichtmauerwerk oder verputzt mit Lochfassaden und verglasten Zwischenräumen mit Stahlkonstruktionen, die das Dach tragen. Keine Materialunterschiede zwischen außen und innen.

Nach außen abfallende Pultdächer mit einem verbindenden begrünten Flachdach steigern die Räumlichkeit in der dritten Dimension noch weiter. Eine räumliche Erlebniswelt, wie man sie Kindern in diesem Alter nur wünschen kann.

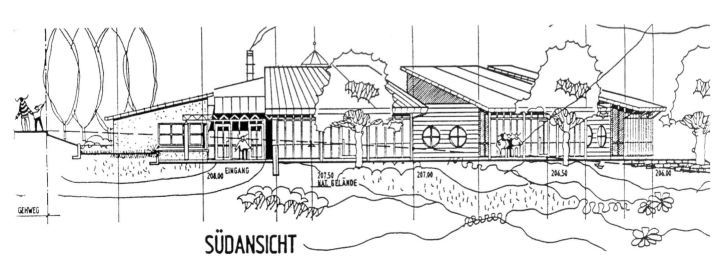

SÜDANSICHT

55
Kindertagesstätte Saarlouis-Beaumarais,
Sportplatzstraße 2

Bauherr: Katholische Kirchengemeinde Peter und Paul, Hauptstraße 96, Saarlouis-Beaumarais

Bauzeit: 1991–1992

Architekten: Berthold Breidt und Wolfgang Maass, Saarlouis

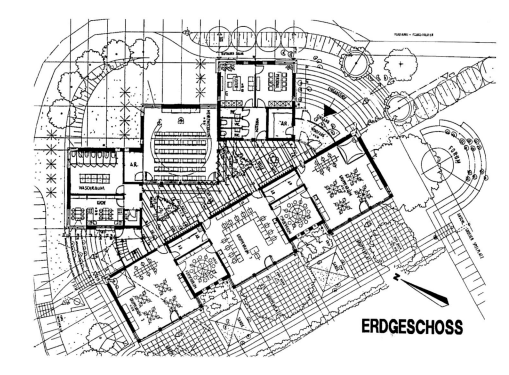

ERDGESCHOSS

Ein keilförmiges Grundstück, Hanggelände und der Maßstab der kleinteiligen Hauskuben in der Nachbarschaft waren Vorgaben für den Entwurf eines Ersatzbaues für den überalterten Kindergarten. Darüber hinaus sollten alle Räume in einer Ebene liegen.
Das Ergebnis sind zwei Dreiergruppen von quadratischen Baukörpern aus rotem Ziegelmauerwerk und roten Ziegelpultdächern. Traufen und Firste sind aus Zinkblech gefertigt, die Fensterrahmen blau gestrichen.
Der Reihe der drei Gruppenräume liegt, 30° verschwenkt, den Funktionsräumen gegenüber. Der mittig liegende Mehrzweckraum verbindet, wenn er geöffnet wird, die beiden trapezförmigen Hallenbereiche zu einem interessanten Raumgefüge.
Auf ähnliche Weise sind die Außenbereiche dem Gebäude und seinen Teilen zugeordnet.
Eine räumliche Erlebniswelt trotz scheinbarer Einfachheit. "Vorwitzfenster" an den Gebäudeecken bestätigen das.

56
Alleehaus Saarlouis
Geschäfts- und Verwaltungsgebäude
Saarlouis, Bahnhofsallee

Bauherr: Interwepa Trust GdbR, Köln

Planung: 1991–1992

Bauzeit: 1992–1994

Architekt: Wolfgang Fery, Saarlouis

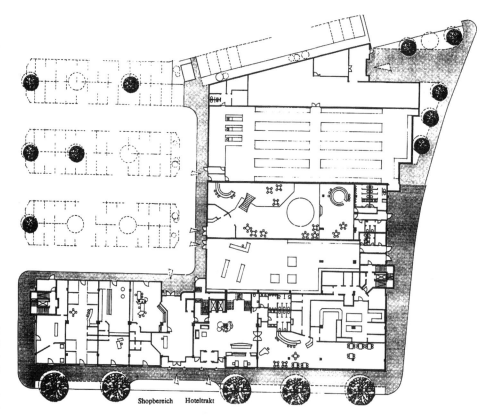

Shopbereich   Hoteltrakt

An der verkehrsreichen Bahnhofsallee, die den Bahnhof mit der Innenstadt verbindet, wurde das alte Sozialgebäude abgerissen, nachdem die Bewohner in bessere Wohnverhältnisse umgezogen waren.
Der Neubau ermöglichte eine städtische Verdichtung und damit eine günstigere Verbindung zwischen Bahnhof und Innenstadt.
Eine sehr flexibel nutzbare Baustruktur in Skelettbauweise bildet das Gehäuse für Büros, Praxen und Hotel in den Obergeschossen und einer Reihe von Läden sowie Hoteleingang mit Restaurant im Erdgeschoß.
Die Sockelzone ist durch Sandsteinverkleidung betont. Die sich nach oben bis zur Traufe hin fortsetzenden Stützenverkleidungen aus dem gleichen Material gliedern den etwas mehr als 100 m langen Hauptbau.
Der Sockel erweitert sich zur Straße und belebt mit einer blauen Stützenreihe die Ladenzone. Die geforderten und erforderlichen Pkw-Abstellplätze sind hinter dem Gebäude weitgehend unterirdisch angeordnet mit direkten Zugängen zu den Aufzügen der drei Treppenhäuser.
Ans Hotel grenzt eine gärtnerisch gestaltete Fläche auf dem Dach des anschließenden Flachbaues und an den Bürobereich ein von Bäumen gebildetes grünes Dach. Von den Parkplätzen darunter sind nicht nur Läden und Hotel rückseitig erschlossen, sondern auch weitere im Flachbau liegende gewerbliche Betriebe größeren Zuschnitts.

57
"Altes Pfarrhaus"
Umbau zum Hotel und Restaurant
Saarlouis-Beaumarais, Hauptstraße 2–4

Bauherr: Bauherrengemeinschaft „Altes Pfarrhaus"

Planung: 1984

Bauzeit: 1985

Architekten: Berthold Breidt und Wolfgang Maass, Saarlouis

Literatur: Saarheimat, 29. Jg., 9/1985, S. 219

Das 1762 erbaute, ursprünglich fünfachsige Gebäude mit zwei Geschossen und Mansarddach wurde durch Anbauten für Stallungen mit Scheune, Zwischenbau und Backhaus erweitert. Heute steht es unter Denkmalschutz. Es wurde als Wohnhaus für die Freifrau von Salis erbaut. Der Gemeinde geschenkt, diente es als Pfarrhaus. Dann stand es lange leer. Eine Interessengemeinschaft erwarb das Gebäude und baute den gesamten Komplex zu einem Hotel und Restaurant um.
Es steht Rücken an Rücken zum und unter einem Dach mit dem „Hofhaus", dieses mit einem Biergarten im umbauten Innenhof. Das „Alte Pfarrhaus" beherbergt ca. 30 Betten und 60 Plätze im Restaurant, es bietet einen Wintergarten, einen Backofenraum, Wein- und Gewölbekeller.
Beim Ausbau der Zimmer wurden der historische Dachstuhl als auch die dicken Eichenbalken der alten Deckenkonstruktion sichtbar gelassen. Im Gegensatz dazu erhielten alle Zimmer Originalkunstwerke der Gegenwart, in der Tradition der benachbarten „Hofhausgalerie". Weiteres sollte jeder Besucher selbst entdecken und dabei die von vielen Seiten gepriesene Atmosphäre des Hauses genießen.

58
Sanierung der „Kaserne I"
Saarlouis, Pavillonstraße 8–166

Bauherr: Gemeinnützige Saarländische Sanierungsträgergesellschaft mbH im Auftrag der Kreisstadt Saarlouis

Planung: 1980–1981

Bauzeit: 1982–1983

Architekt: Dr. Ing. Karl Hanus, Saarlouis

Literatur: Marlen Dittmann, Karl Hanus. Bauten und Projekte, 1994

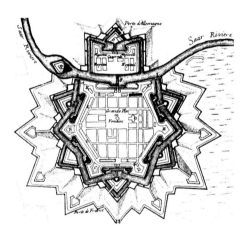

Der historische, im wesentlichen bis heute erhaltene Stadtfestungsgrundriß von Vauban aus dem Jahre 1680 sah hinter den Kasematten vier etwa je 100 m lange Kasernenbauten vor. Die Kaserne I ist noch in ihrer ganzen Länge erhalten. Nach der Sanierung wurde die Wohnnutzung der vergangenen Jahrzehnte beibehalten, Wohnungszuschnitt und -ausstattung wurden aber auf heutigen Standard gebracht. Die Baustruktur wurde respektiert, Holzbalkendecken nur, soweit erforderlich, durch Stahlbetonrippendecken ersetzt. Für die Wohnnutzung im Dachgeschoß wurden Dachgauben hinzugefügt, für die Geschäftsnutzung im Erdgeschoß die Fensterbrüstungen herausgenommen.

Gesimse und Fenstergewände wurden, soweit verlorengegangen, ergänzt. Dadurch gewann die Hausgestalt ihre Identität wieder.

59
Umbau und Sanierung von zwei Wohn- und Geschäftshäusern
Saarlouis, Weißkreuzstraße 11 und 12

Bauherr: Peter Mouget, Wallerfangen

Planung: 1993

Bauzeit: 1993–1994

Architekt: Wolfgang Fery, Saarlouis

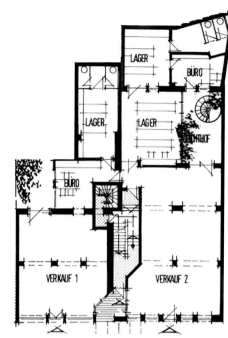

Historische Gebäude im Herzen der Altstadt, um 1735 gebaut, haben noch das typische „Saarlouiser Treppenhaus" und Innenhöfe hinter dem Vorderhaus. Die beiden hier vorgestellten Häuser stehen in der Weißkreuzstraße in einem intakten geschlossenen Bereich der Altstadt.
Das Haus 11 besitzt weitgehend originale Substanz von den Kellergewölben über die Zweigeschossigkeit bis eben zu dem innenliegenden "Saarlouiser Treppenhaus". Die kleinen Innenhöfe sind mit alten Rückgebäuden umrahmt.
Unverändert sind die Fenstergewände, typisch für Saarlouis, Stichbögen mit kleinen Schulteransätzen. Sie sind hier seit 1680 gebräuchlich.
Das Gebäude 12, ein zweigeschossiger vierachsiger Bau aus der gleichen Zeit, zeigt im Erdgeschoß aufwendig dekorierte gußeiserne Ladenrahmungen von 1905.
So bestand die Hauptaufgabe neben der Sanierung und dem Teilumbau im Inneren in der Denkmalpflege.
Die Innenhöfe wurden zur zeitgemäßen Nutzung neu gestaltet.
Die Nutzungsart entspricht etwa der seit mehr als 200 Jahren, im Erdgeschoß Gewerbe und Verkauf, im 1. Obergeschoß Dienstleistung und Büro, im Obergeschoß und Dachgeschoß Wohnen.
Die Wohnungen sind rückseitig mit kleinen bepflanzten Dachterrassen ausgestattet.

60
Sozialer Wohnungsbau
Saarlouis, Bahnhof Saarlouis
und Stadtteil Steinrausch

Bauherr:	Gemeinnützige Bau- und Siedlungsgesellschaft mbH, Saarlouis
Planung:	Bahnhof 1988 Steinrausch 1990
Bauzeit:	Bahnhof 1989–1990 Steinrausch 1991–1994
Architekten:	Berthold Breidt und Wolfgang Maass, Saarlouis

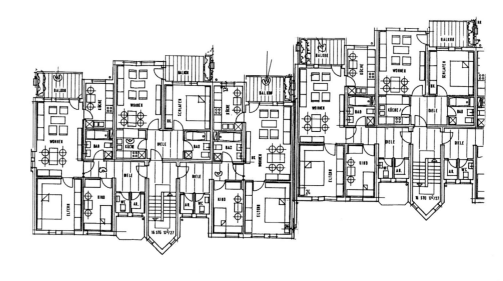

Aufgrund von Strukturuntersuchungen sollte eine Mischung vom Appartement bis zur 5-Zimmer-Maisonette im Dachgeschoß, von 40 bis 90 qm, entstehen. Die Bauwerkskosten waren mit 1.850 DM/qm limitiert. Mit entwurflich gestalterischen Mitteln sollte der Wohnwert gesteigert werden. "Dreispänner"-Grundrisse mit Wohneinheiten, die gegeneinander versetzt sind, geben den Baukörpern die Grundstruktur. Die Treppenhäuser in der Ostfassade und Balkone in den Westfassaden steigern die „Körperlichkeit" der Gebäude.

Die Grünflächen vor der nach Westen gerichteten Wohnanlage scheinen sich im Bewuchs der Rankgerüste an den geräumigen Loggien fortzusetzen. Eine spätere Verglasung von Loggien zu Wintergärten bleibt möglich. Aus den ursprünglich vorgesehenen 39 Wohneinheiten sind inzwischen 139 geworden.

61
Wohnhaus Dr. Frank Hanus
Saarlouis, Am Taffingsweiher 26

Bauherr: Dr. Ing. Frank Hanus
Am Taffingsweiher 26,
Saarlouis

Planung: 1994

Bauzeit: 1994–1995

Architekt: Dr. Ing. Karl Hanus, Saarlouis

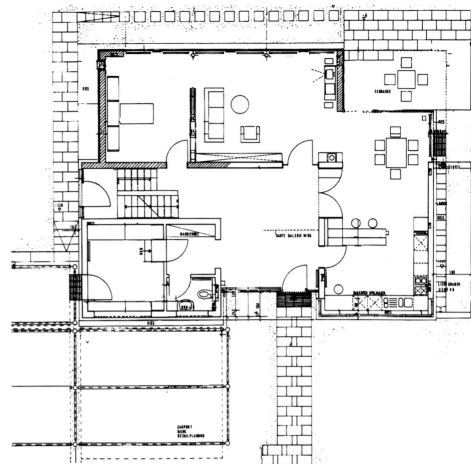

Ein einfaches Wohnhaus, so meint man beim ersten schnellen Hinsehen, zeigt sich dann aber voller Überraschungen, wenn man das Raumgefüge studiert: ein äußerst funktionaler Grundriß, der aber nicht von den Möbelstell- und den Bewegungsflächen dazwischen ausgeht, wie sie DIN-Normen hergeben, sondern wo z.B. der Eingang auch noch die Qualität eines Empfangsraumes hat, in die dritte Dimension hinauf.
Das Haus ist dadurch nicht ins Uferlose gewachsen, sondern hat durchaus übliche Maße. Es sind normal große Räume abzuteilen, und trotzdem ergeben sich zahlreiche Blickachsen von zehn m Länge und mehr innerhalb des Hauses. Eine großzügige Voraussetzung für ein freies Wohnen.

62
Notkirche St. Marien Reisbach

Bauherr:	Katholische Kirchengemeinde St. Marien Kirchplatz 12, Saarwellingen-Reisbach
Planung:	1995
Bauzeit:	1995–1996
Architekten:	Thomas Hepp und Norbert Zenner, Saarbrücken
Literatur:	Baukultur 3/96 Der Architekt 9/96

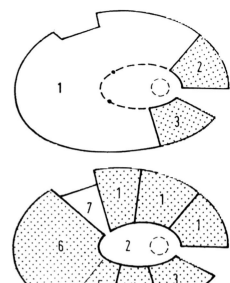

Eine außergewöhnliche Bauaufgabe: Die Pfarrkirche St. Marien wird 1999 von den Auswirkungen des untertägigen Bergbaues betroffen sein. Für die Zeit der erforderlichen, drei bis vier Jahre dauernden Sanierungsmaßnahmen ist eine Notkirche zur Feier der Gottesdienste erforderlich. Nach dieser Zeit, wenn die Kirche wieder genutzt werden kann, soll die Notkirche mit minimalem Aufwand in ein gut funktionierendes Pfarrheim umgewandelt werden können. Der ländliche Charakter des Ortes mit Landwirtschaftsbetrieben, deren Silos, Ställe und Schuppen, begründen Form und Material der Notkirche.
Die ellipsoide Grundrißform ist aus der Eigengesetzlichkeit des Spannungsverhaltens von Holz entwickelt. Außen filigrane Holzkonstruktion, innen aussteifende Stahlkonstruktion.
Das Dach dient nicht nur der Notkirche, sondern später auch dem Pfarrheim.
Für diesen Zweck wird kein Raum hinzugefügt, weggerissen oder umgelegt. Der Profanbau des Pfarrheims entsteht durch einfache Teilung: Beibehaltung des Zuganges. Eine zentrale, von oben belichtete Verteilerhalle führt zu allen peripher liegenden Räumen unterschiedlicher Größe und Nutzungsart.

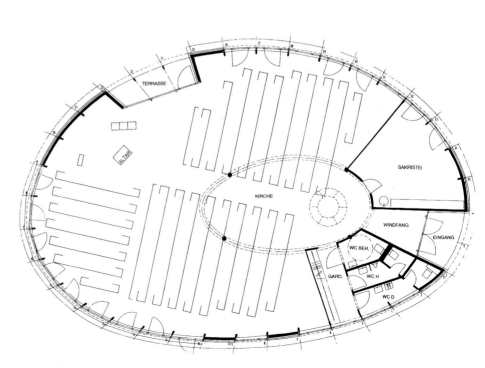

Kreis Merzig-Wadern

63
Verwaltungsgebäude der Hafenbetriebe Saarland GmbH
Merzig

Bauherr: Hafenbetriebe Saarland GmbH
Saarlouis

Planung: 1991

Bauzeit: 1991–1992

Architekt: Wolfgang Fery, Saarlouis

Der Ausbau der saarländischen Wasserstraßen wurde 1990 durch die Anlage des Umschlaghafens in Merzig-Mettlach erweitert.
Der Neubau des Verwaltungsgebäudes ergänzt den Industriehafen baulich wie organisatorisch.
Am Eingangstor zur Erschließung des Saarhafens steht das winkelförmige großmaßstäbliche Gebäude.
Die Außenecke ist durch die Freistellung der Eckstütze, den Eingang, die großflächige Verglasung in Riegel-Pfosten-Konstruktion und einen hohen attikaähnlichen oberen Betonabschluß betont.
Der linke Gebäudeflügel enthält die Verwaltung mit Warendeklaration, der rechte die Sozialräume mit gesonderter Erschließung.
Es ist die Anlaufstelle des gesamten Umschlages der Merziger Region von Straße und Bahn zur Wasserstraße.

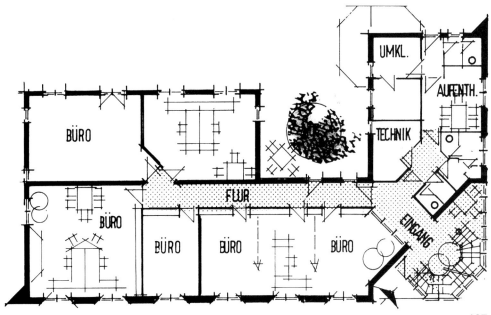

64
Neugestaltung und Erweiterung der Sparkasse Merzig-Wadern
Merzig, Schankstraße

Bauherr: Landkreis Merzig-Wadern

Planung: 1990–1991

Bauzeit: 1991–1996

Architekt: Kurt Kühnen, Merzig

Künstler: Annegret Leiner, Saarbrücken
Eberhard Killguss, Beckingen

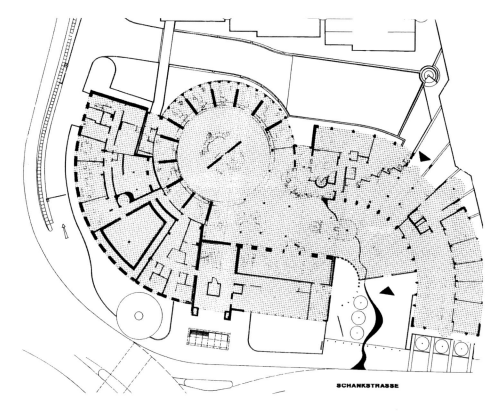

Die Kreissparkasse Merzig mußte durch einen Neubau erweitert werden. Diese Notwendigkeit verstärkte sich durch die Fusion mit der Kreissparkasse Wadern. Erhalten und einbezogen wurde der für seine Entstehungszeit 1934/35 typische Rundbau vom BDA-Kollegen Nobis und die erste Erweiterung mit einer kreisförmigen Kassenhalle 1967/68 vom BDA-Kollegen Steinhauer. Diese vorhandene Gestaltstruktur wird logisch weitergeführt durch einen ergänzenden viertelkreisförmig gekrümmten Bau sehr ähnlichen Volumens, der nur mit seinem Giebel den Straßenraum maßstablich tangiert, mit seiner konkaven Längsseite jedoch eine Glashalle begleitet, die zum kreisrunden Zentrum führt.
In diese streng geometrische Konstruktion fügt sich die Nutzung mit ihren Gegenständen belebend in Form und Material ein. Das beginnt am Haupteingang und endet unter dem Dach im Gemeinschaftsraum mit Empore, im Foyer und im großen Sitzungssaal. Die Innenarchitektur verschmilzt mit den Kunstwerken von Eberhard Killguss und Annegret Leiner.
Der Bau ist in sich schlüssig, obgleich er in drei Generationen entstanden ist.

65
Neufassung der Bietzener Heilquelle bei Merzig-Bietzen

Bauherr: Stadtwerke Merzig

Architekt: Kurt Kühnen, Merzig

Anerkennung im Rahmen des Architekturpreises 1995 des BDA – Landesverband Saar

Die Jury urteilte: "Ein sehr kleines Gebäude bestimmt als Landmarke einen weiteren Bereich des Saartales. Etwas macht auf sich aufmerksam, ohne aufdringlich zu sein. Die Quelle ist mit einer umhüllenden Wand gefaßt. Das offene Gerüst des Turmes assoziiert die Vorhaltungen eines Bohrturmes, so werden Aufgabe und Gestalt der Anlage lesbar. Wohltuend ist die Anwendung einfacher, technisch geprägter Details. Von hoher Qualität ist auch die unprätentiöse Außenanlage, die mit sandigen Wegen, einem Quellstein und einem Rinnsal zur Saar auskommt."

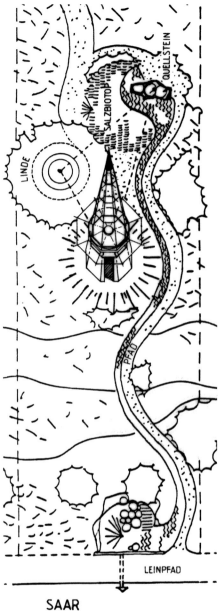

66
Alter Turm, Mettlach
Mettlach, im Park der Alten Abtei

Bauherr: Fa. Villeroy & Boch AG, Mettlach

Sanierungszeit: 1990–1998

Architekten: Sanierung durch Klaus Krüger + Lutz Rieger, Saarbrücken

Unter Mitwirkung von:
Staatlichem Konservatoramt des Saarlandes
Institut für Steinsanierung IFS, Wiesbaden
Zollern-Institut Bochum
Institut für Bauforschung IBAC, RWTH Aachen
Institut für Gebäudeanalyse und Sanierungsplanung IGS, München

Literatur: August von Cohausen, Der Alte Thurm zu Mettlach, Berlin 1871

Martin Klewitz, Mettlach an der Saarschleife, Rheinische Kunststätten 164, Köln 1977

Martin Klewitz, Mettlach. Ehemalige Benediktinerabtei, Dehio, 1977

Martin Klewitz, Das Saarland. Deutsche Lande deutsche Kunst, München 1982

Hans Erich Kubach und Albert Verbeek, Architekturgeschichte und Kunstlandschaft, Bd. 4, Berlin 1988

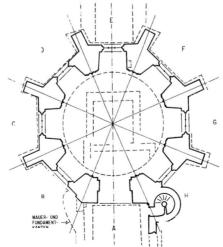

Der „Alte Turm", wie er offiziell und auch im Volksmund genannt wird, hat eine lange Geschichte. Eine Marienkirche aus dem 7. Jahrhundert, über den Resten römischer Fundamente errichtet, wie Martin Klewitz durch Grabungen feststellte, wurde durch Abt Lioffin (Liutwin) etwa 990 durch einen achteckigen Zentralbau ersetzt. Er schloß an das Querschiff der Abteikirche an. Vermutlich im 15. Jahrhundert wurden tiefe gotische Nischen mit Maßwerkfenstern und eine gewölbte Decke eingebaut. Strebepfeiler waren dafür nötig. Das scheint in zwei Bauphasen geschehen zu sein. Nach der Französischen Revolution – seit 1809 befand sich die Abtei im Besitz von Jean-François Boch – erfolgte die Instandsetzung auf Anraten von Schinkel und mit Beratung durch August von Cohausen. Sie führte zur heutigen Form. Inzwischen sind fast 150 Jahre vergangen. Pflanzenwuchs dicht am Bau, Berankung des Baues und Durchwurzelung der Fugen haben zu starker Durchfeuchtung und Lockerung des Steinverbandes geführt. In dem nicht sehr harten Sandstein, ähnlich dem aus den oberen Lagen von dem nahen Britten, bildeten sich große Kavernen. Untersuchungen der Feuchtigkeits- und Salzverteilung im Mauerwerk, der sehr unterschiedlichen Steinqualitäten, der Regen- und Grundwasserbelastung, des „Mikroklimas" im offenen Bau, der Luftbewegungen in ihm, der Kondenswasserbildung im Mauerwerk bilden die Grundlage für eine möglichst dauerhafte Erhaltung. Die zu wählenden Maßnahmen und Materialien müssen dem Bau adäquat sein. Sie werden auf der Basis wissenschaftlicher Untersuchungen und im Gedankenaustausch mit kompetenten Fachleuten getroffen. Das Ziel ist, einen Identifikationsbau des Saarlandes würdig zu erhalten.

67
Burgruine Montclair
Mettlach, auf der von der Saar
gebildeten Halbinsel

Bauherr: Landkreis Merzig-Wadern, Merzig

Planung: 1990–1991

Bauzeit: 1991–1993

Architekt: Kurt Kühnen, Ballern
Unter Mitwirkung von:
Staatlichem Konservatoramt des Saarlandes

Anerkennung im Rahmen des BDA-Preises 1995

Literatur: J. J. Hewer, Geschichte von Montclair nach Urkunden zusammengestellt. Jahresbericht der Gesellschaft für nützliche Forschungen 1859/60, Trier 1861, S. 7–27

Hans-Walter Herrmann, Burgruinen, in: Das Saarlandbuch, Saarbrücken 1985, S. 106–113

Joachim Conrad und Stefan Flesch, Burgen und Schlösser an der Saar, Saarbrücken 1988, S. 82–94

Landkreis Merzig-Wadern, Burg Montclair, Sanierung, Geschichte, Führung, Merzig 1993

Georg Skalecki, Burg Montclair bei Mettlach im Saarland, in: Rheinische Denkmalpflege 2/96, S. 91–95

nen Zuweg zum Torbau. Durch ihn betritt man den Burghof, der heute bis zu den, für eine Burg sehr dünnen, Außenmauern reicht. Reste der Einbindung eines Kamins in die Außenwand, die jetzt neu eingefügten Stufen vor dem Bühnenpodest und der ebenfalls neue, einfache Bewirtungsbau lassen die ehemalige Bebauung ahnen. Äußerst zurückhaltend eingefügte Treppen, Stege und Plattformen erschließen die Ruine auch in der Vertikalen und führen zu hoch gelegenen Aussichtspunkten. Das Turmmauerwerk mußte vor weiterem Auseinanderbersten durch Abdeckungen gegen Korrosion von oben gesichert werden. Die Gestaltung aller Details erfolgte mit größter Zurückhaltung, so daß der Ruinencharakter voll erhalten blieb. So regt er nicht nur die Phantasie der Schulkinder bei ihrem obligaten Ausflug an. Eine Wanderung die wenigen Kilometer dorthin lohnt sich auch in späteren Lebensjahren.

Da, wo die Saarschleife bei Mettlach eine landschaftliche Bastion verstärkt hat, entstanden 500-300 v.Chr. und 200–300 n.Chr. Fliehburgen. Ein Teil der Wälle ist noch erhalten. Die Burg Montclair scheint im 9. Jahrhundert entstanden zu sein. 1016 von den Normannen zerstört, wurde sie weiter südlich, wo der Bergrücken steilere Flanken hat, ab 1180 als Burg Munkler, später Montclair mehrfach erneuert.
Die Wirren der Zeit ließen sie im Laufe der Jahrhunderte verkommen. Bis 1786 wurden zuletzt Teile der Anlage zu Wohnzwecken genutzt. Über eine ehemalige Zugbrücke gelangt man in einen zwischen zwei dickwandigen Rundtürmen gelege-

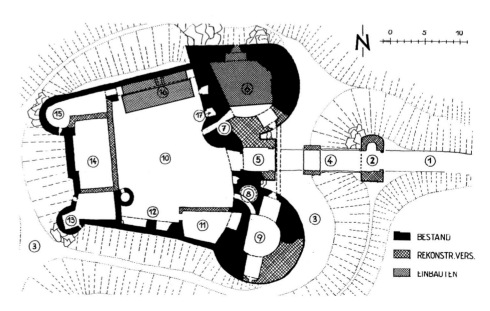

68
Spielcasino Schloß Berg
Perl-Nennig

Bauherr: Saarland Sporttoto GmbH
Saaruferstraße 17, Saarbrücken

Planung: 1988

Bauzeit: 1989–1990

Architekt: Bernhard Focht + Partner, Saarbrücken

Beratung der Glasgestaltung durch Ingrid Lafontaine, Saarbrücken

Künstler: Gizela Sabokova, Jaromir Rybak, Prag
Iro Rozsypal, Jan Fisar, Prag

Anerkennung im Rahmen des Architekturpreises des BDA Saarland 1995

Literatur: Glasforum 1/91
db deutsche bauzeitung 1/92
new glas – Neues Glas 2/92

In Fortsetzung des restaurierten und zum Hotel ausgebauten Schloßgebäudes schließt der Neubau der Spielbank auf der Fläche früherer Nebengebäude und unter Verwendung der teilweise erhaltenen Außenwand den Schloßhof nach Westen hin ab, durchstößt die nördliche Platzmauer und flankiert die Einfahrt mit einem Turm in zeitgenössischer Ausformung. Er nimmt Bezug auf den historischen Turm am Ostende des Hotels.
Zum Schloßhof öffnet sich der Bau mit einer Glasfassade. Zur Landschaft wird die großflächige, durch historische Elemente stark plastisch gegliederte massive Wand durch zwei Reihen kleinerer „Sichtfenster" durchbrochen. Lediglich in der Eingangs- und Hauptspielebene durchdringt ein Glaserker großflächig die Wand. Dahinter liegt die Bar. Der davorliegende Teich mit Inseln, Brücken, gläsernen Kunstobjekten setzt die Raumverschränkungen im Gebäude auch außen fort.
Das Alte steigert das Neue in seiner Qualität – und umgekehrt.

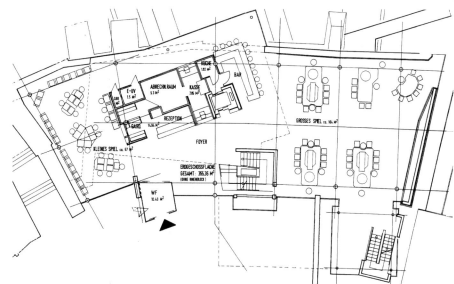

69
Internationales Begegnungs- und Forschungszentrum für Informatik Dagstuhl
Schloß Dagstuhl Wadern

Bauherr:	iBfI-GmbH Schloss Dagstuhl, Wadern und Saarland, Ministerium für Finanzen, vertreten durch das Staatliche Hochbauamt
Planung:	1990–1992
Bauzeit:	1992–1995
Architekten:	Werner Huppert und Herbert Huppert, Saarbrücken-Güdingen

1. Preis eines Architektenwettbewerbes

Das Schloß Dagstuhl liegt am Rande einer Talaue. Auf der Eingangsseite schließt bergseitig die Kapelle an, hinter dem Schloß der terrassierte Garten. Das Begegnungs- und Forschungszentrum wurde als kompakte, klosterähnliche Anlage in der Talaue situiert und durch eine gläserne Brücke mit dem Schloß verbunden.

Die Gästezimmer bilden, eingeschossig, einen quadratischen Innenhof, in dem als 3/4-Zylinder die dreigeschossige Bibliothek und als Gebäudewürfel das zweigeschossige Seminargebäude stehen.

Die Gästezimmer, terrakottafarben geputzt, bilden im Landschaftsbild den optischen Sockel für die weiß überragende Baukörperfiguration im Zentrum – eine dem Schloß adäquate bauliche Neuinterpretation.

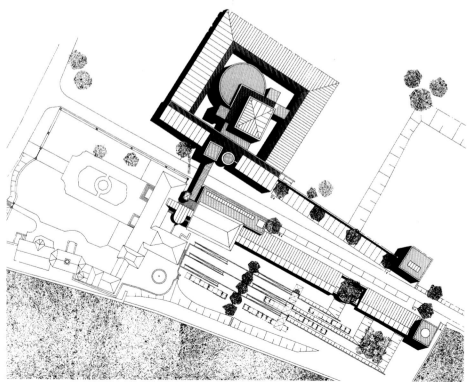

138

Saar-Pfalz-Kreis

70
Landeszentralbank in Rheinland-Pfalz und im Saarland
Zweigstelle Homburg
Homburg, Talstraße 57

Bauherr: Landeszentralbank in Rheinland-Pfalz und im Saarland
Hegelstraße 65, Mainz

Planung: 1986

Bauzeit: 1988–1990

Architekt: Dr. Ing. Karl Hanus, Saarlouis

Künstler: Hermann Juncker, Homburg
Paul Schneider, Merzig-Bietzen

1. Preis eines Architektenwettbewerbes

Literatur: Marlen Dittmann, Karl Hanus. Bauten und Projekte, 1994

An der B 423, der Entenweiherstraße in Homburg, steht das Forum: Rathaus und Landratsamt. Auf der gegenüberliegenden Straßenseite lag der Entenweiher, dahinter begann mit einem mehrgeschossigen Wohn- und Geschäftsblock die Innenstadt. Hier, zwischen Forum und Innenstadt, entstand der stark gegliederte Block der Landeszentralbank. Seiner Aufgabe entsprechend, liegt er von Bäumen und Wasser umgeben als Solitär. Das zu drei Viertel seines Umfanges den Bau umspülende Wasser erhöht nicht nur die Sicherheit, sondern soll auch an den Entenweiher erinnern. Das Raumprogramm und die funktionelle Struktur ähneln sehr stark denen des zuvor entstandenen Baues der Landeszentralbank in Saarlouis. Der hier im Wettbewerb mit dem 1. Preis ausgezeichnete Entwurf zeigt jedoch eine sehr viel andere formale Umsetzung der im Prinzip gleichen Bauaufgabe. Zwei verschiedene Orte – zwei verschiedene Signaturen, die die Orte unterscheidbar machen.

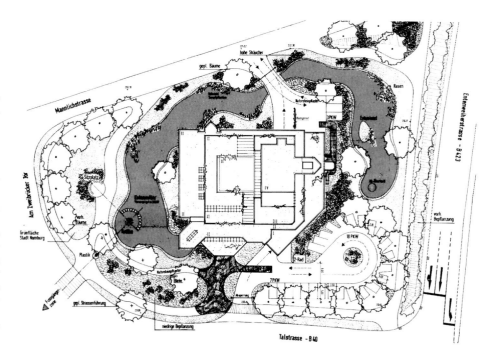

Kreis Neunkirchen

71
Erweiterung der Pallotti-Schule
Neunkirchen, Hardenbergstraße

Bauherr: Verein der Norddeutschen Pallottiner e.V., Wiesbadener Straße 1, Limburg/Lahn

Planung: 1991

Bauzeit: 1992–1994

Architekt: Manfred Schaus, Sulzbach

Anerkennung im Rahmen des BDA-Preises 1995

Die Schule stellt eine bauliche Erweiterung der bestehenden Sonderschule für Verhaltensgestörte dar. Zweigeschossigkeit, angemessene Separierung des Schulbereiches und gleichzeitige Verbesserung der städtebaulichen Gesamtstruktur sind ihre Merkmale. In dem neuen Gebäudeteil ist die Grundstufe zusammengefaßt mit sechs Klassenräumen, zwei Förderräumen und einem Mehrzweckraum.

Insbesondere der Mehrzweckraum kann als Film- und Medienraum und in Verbindung mit den Verkehrsflächen des Erdgeschosses auch als großzügiger Gemeinschaftsraum multifunktional genutzt werden.

Die Klassenräume wurden gemäß der besonderen pädagogischen Unterrichtsmethode mit 50 qm in Größe und Ausstattung so gewählt, daß ein differenzierter Unterricht mit eigenen Teilbereichen zum Lesen, Basteln, Malen und Zeichnen, Spielen und Experimentieren und für Informationen ermöglicht wird.

Die Massivkonstruktion aus Sichtmauerwerk mit Putz- und Vorhangfassaden bildet mit den Konstruktionselementen offene Raumstrukturen. Formale Zwänge als Selbstzweck gibt es nicht. Die Freiheit bei der Anordnung baulicher Elemente, bei der Wahl ihres Materials und ihrer Farbe ergänzen durchaus pädagogische Bemühungen. Als Beispiel mag die Beleuchtung im Treppenhaus dienen.

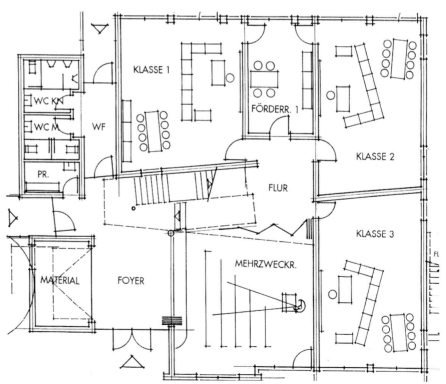

72
Erzieher-Wohnhaus
Neunkirchen, Steinwaldstraße 91

Bauherr: Verein der Norddeutschen Pallottiner e.V., Wiesbadener Straße 1, Limburg/Lahn

Planung: 1990–1991

Bauzeit: 1992–1994

Architekt: Manfred Schaus, Sulzbach

Die unter Denkmalschutz stehende Villa an der Ecke Steinstraße / Steinwaldstraße wird als Jugendwohnheim von zwei Gruppen geistig Behinderter genutzt.
Für ein Erzieherehepaar war ein Wohnhaus an das vorhandene, ebenfalls unter Denkmalschutz stehende Wohnhaus auf dem Nachbargrundstück anzubauen. Höhenlage, Geschossigkeit, Satteldach mit gleicher Neigung waren zu übernehmen. Dennoch sollte ein „Haus von heute" entstehen, kein Anbau, sondern eigenständig. Diese Eigenständigkeit wird besonders deutlich an der vor der Südwestseite stehenden durchbrochenen Betonwand. Sie schafft Räume: die Terrasse, den Balkon. Sie verbindet mit dem Außenraum und sorgt zugleich für Abstand für die private Wohnspähre.

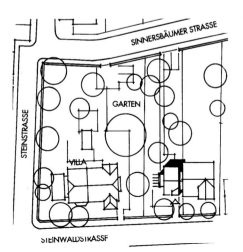

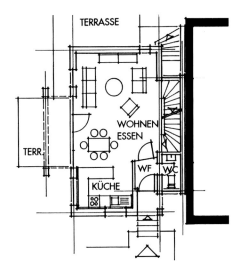

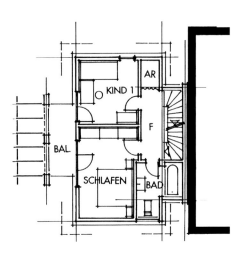

73
Kindergarten, Kinderhort (Umbau)
Kirchenstraße 6 und 8, Illingen

Bauherr:	Gemeinde Illingen Hauptstraße 86, Illingen
Planung:	1991–1993
Bauzeit:	1993–1995
Architekten:	Thomas Hepp und Norbert Zenner, Saarbrücken Paul Gard, St. Wendel

1. Preis eines Architektenwettbewerbes

Besondere Anerkennung im Rahmen des Saarländischen Staatspreises für Architektur und Ökologie 1996

Literatur:	wettbewerbe aktuell 7/88 Paulinus, Nr. 25/94

Von der Ortsmitte und der Stephanuskirche her überquert die Hauptstraße den Illgrund. Hinter der Straßenrandbebauung folgen öffentliche Einrichtungen an einer verkehrsberuhigten Erschließungszone diesem Zug bis zum Kulturbau mit Festwiese. So das Gesamtkonzept.

Der Stephanuskirche am nächsten und die Ringbebauung um die Kirche ergänzend erweitert der Kindergartenneubau den Bau Kirchenstraße 8. In diesem Altbau liegen Hort und Personalräume. Zusammen mit dem Kindergartenneubau bildet er den 1. Bauabschnitt.

Die gestaffelte Anordnung der zweigeschossigen, leichtgekrümmten neuen Baukörper – geputzte Baukörper zur Ortsmitte hin, Holz- und Glaselemente zum Landschaftsraum – ergibt interessante Wechselbeziehungen zur Topographie, einen geringen Flächenbedarf zugunsten des Grünraumes, Raumerlebnisse im Innenbereich und Korrespondenz zu den Außenbezügen.

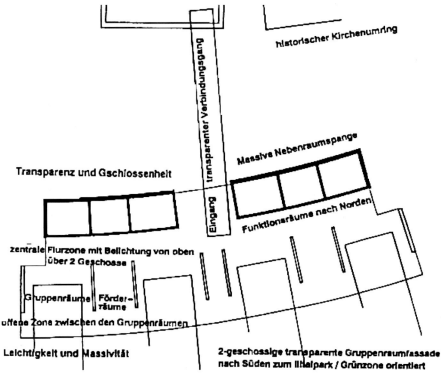

74
Niedrigenergiewohnhaus
Illingen-Welschbach, Forstweg 17

Bauherr: Dr. Karin Hemer-Junk, Dr. Alois Junk

Planung: 1995

Bauzeit: 1996

Architekten: Michael Leinenbach, Josef Maass, Saarlouis

Auf nach Norden abfallendem Gelände mit einem Waldrand im Süden am Ortsrand von Welschbach gelegen, läßt ein dreigeschossiges Wandsegment aus gelbem Klinkermauerwerk ahnen, daß hier etwas aufgefangen werden soll: von Süden her einstrahlende Energie.
Bei ganz ähnlicher Aufgabenstellung wie beim benachbarten Wohnhaus Forstweg 9, ergänzt durch Energieeinsparforderungen, zeigt sich hier, daß letztere zu keinem Verlust an Gestaltungsqualität führen müssen. Im Gegenteil: Die massive, leicht gekrümmte Wandfläche mit untergeordnet eingeschnittenen Fensterbändern ergibt mit großen Glasflächen und Balkongerüsten aus Stahl ein überzeugend lebendiges Formenspiel auf der einfachen Grundrißfigur eines Kreisabschnittes. Der Blick zum Schaumberg begründet das gläserne Prisma in der Nordwand.
Im übrigen ist die Massivwand mit 14 cm Mineralwolle gedämmt. Die Regenentwässerung führt über ein Kiesfilter in eine 6 m³-Zisterne und speist ein Biotop. Das Gasbrennwertgerät zur Heizung wird durch Vakuumsonnenkollektoren unterstützt.

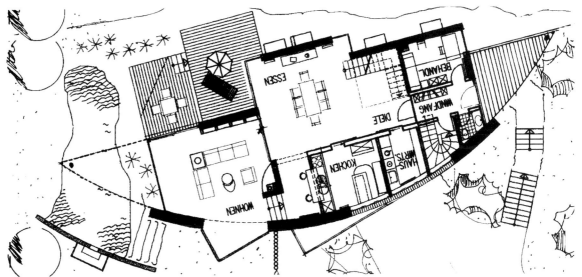

75
Wohnhaus Leinenbach
Illingen-Welschbach, Forstweg 9

Bauherr: Gaby und Michael Leinenbach

Planung: 1993

Bauzeit: 1993–1994

Architekten: Michael Leinenbach, Josef Maass, Saarlouis

Auf nach Norden abfallendem Gelände mit einem Waldrand im Süden am sonst noch offenen Ortsrand von Welschbach gelegen, erhebt sich unübersehbar die Durchdringung eines massiven Baukörpers zum Schaumberg hinausgerichtet mit einem hölzernen Gebäude parallel zu Hang und Waldrand.
Der von Nordwesten her einschneidende Zugang mit zweiläufiger Treppenanlage erschließt die Raumbereiche auf den verschiedenen Ebenen auf geschickte Weise. Die zu den Außenwänden hin orthogonalen Räume verschmelzen im Inneren durch scheinbar freie Wandstellungen und Durchblicke zu einer begehbaren Plastik. Hierzu trägt auch das Gegenüber von normalen Raumhöhen zum zweigeschossigen Wohnraum bei. Er kann nach Westen hin in ganzer Breite geöffnet werden und ist in ganzer Höhe verglast.

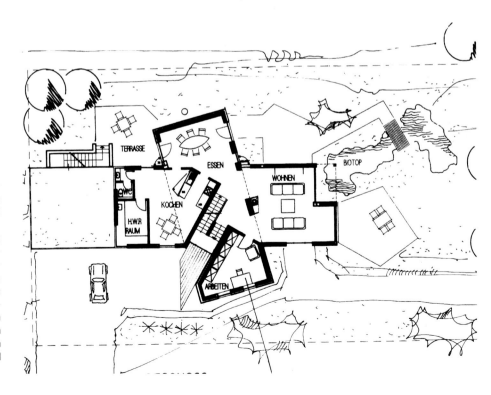

76
Rathausumfeld und Ortskernsanierung Schiffweiler

Bauherr: Gemeinde Schiffweiler
Rathausstraße 11, Schiffweiler

Planung: 1990–1991

Bauzeit: 1. Bauabschnitt 1992–1994

Architekt: Manfred Schaus, Sulzbach

1. Preis eines Architektenwettbewerbes

Der Vorschlag zur Ortskernsanierung beinhaltet drei Komponenten.
Durch Ergänzung der Straßenrandbebauung, da wo die Mühlbachstraße, die Rathausstraße und die Hauptstraße zusammentreffen, werden die Straßenräume und der Marktplatz vor Rathaus und Pfarrhaus räumlich gefaßt. Erschwert wird dieses durch das stark abfallende Gelände. Ähnliches wird im Bereich der Kirche vorgeschlagen.
Die zweite Maßnahme ist die Ausformung des Marktplatzes selbst. Ein Pavillon bildet den optischen Abschluß der Mühlbachstraße, eine Reihe von vier Stahlbetonrahmen eine „optische Gardine" zur Rathausstraße. Freitreppen überwinden die starken Höhenunterschiede.

Schließlich das Praktische: Die beiden Rathausgebäude waren mit einer Überdachung zu verbinden, ohne daß der öffentliche Durchgang blockiert würde, auch das wieder bei erheblichen Höhenunterschieden. Parkplätze zwischen der Streubebauung an der Hansenstraße waren einzufügen. Formal gleiche oder ähnliche Bauteile binden die Vielfalt der vorhandenen Gebäude zusammen – soweit es in ihrer Macht steht.
Ein vielfältiges Fußwegnetz in der Ortsmitte mit Platzräumen unterschiedlicher Ausbildung verbessert die Aufenthaltsqualität. Verstärkte Durchgrünung unterstützt die Raumbildungen und dient zugleich der Stadtökologie.

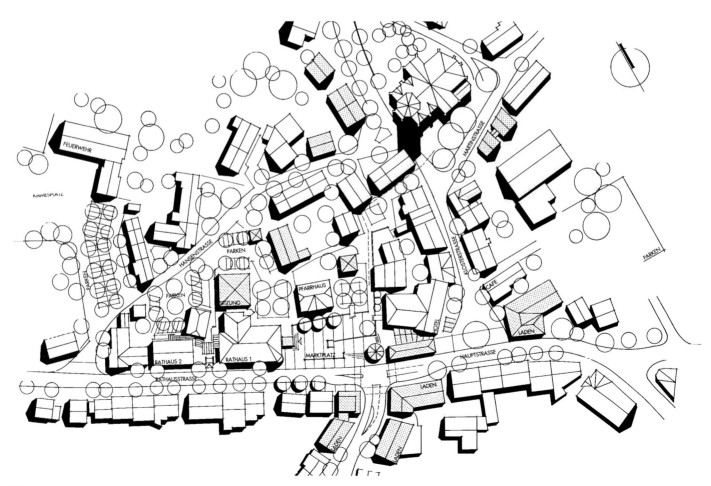

77
Sporthalle Langdell
Spiesen-Elversberg, In der Langdell

Bauherr: Gemeinde Spiesen-Elversberg
Rathaus Hauptstraße 116,
Spiesen-Elversberg

Planung: 1992

Bauzeit: 1993–1994

Architekt: Manfred Schaus, Sulzbach

Die Sporthalle Langdell ist ein weiterer Baustein im Sportgelände am südlichen Rand von Spiesen. Gleiche Charakteristika des Baukörpers wie die der benachbarten Halle, Eingang am gemeinsamen Vorplatz, aber eine eigenständige Ausformung. Sichtbare Konstruktionen und Installationen mit materialsichtigen Oberflächen dienen einem klaren System, nutzen aber auch mögliche Freiheiten: Ein anregendes Gehäuse für zwei Spielfelder 18 x 22 m und 26 x 22 m groß, die durch entsprechend angelegte Nebenräume zu einem einzigen vereinigt werden können. Fast 200 Zuschauer haben auf einer 1,70 m erhöhten Tribüne Platz.
Reichliche Tagesbelichtung, teilweise begrünte Dächer, Regenwassernutzung und Deckenstrahlungsheizung dienen einem zeitgemäßen ökologischen Betrieb.

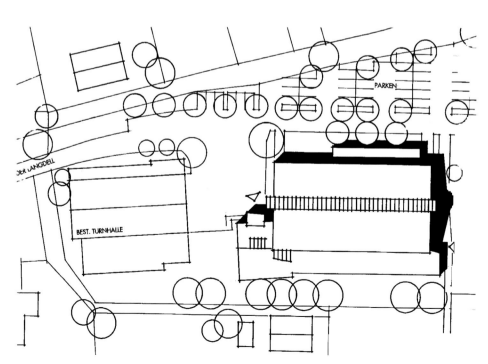

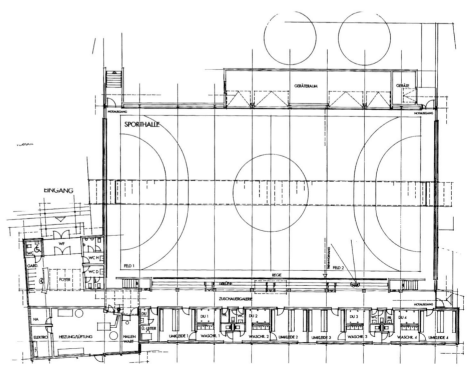

Kreis St. Wendel

78
Verwaltungszentrum Freisen
Freisen, Schulstraße 60

Bauherr: Gemeinde Freisen

Planung: 1985

Bauzeit: 1. Bauabschnitt 1987–1989

Architekt: Bernhard Focht, Saarbrücken

Künstlerin: Isabelle Federkeil, Freisen

1. Preis eines Architektenwettbewerbes

Literatur: wettbewerbe aktuell 9/84

Es entstand ein Rathausplatz, dessen dritte Seite später eine Mehrzweckhalle schließen soll. Arkaden werden Rathaus und Mehrzweckhalle verbinden. Das Rathaus reicht mit seinem Sitzungssaal bis dicht an die Straße heran. So bildet es den baulichen Auftakt zur Gemeinde Freisen.
Natürliche Materialien und offene Räume bis in die Dachkonstruktion hinein entsprechen sich. Die Formensprache insgesamt ist der Gegenwart verpflichtet. Der langgestreckte niedrige Baukörper fügt sich dennoch, oder gerade deswegen, in die Waldlandschaft mit den vertikalen Baumstrukturen und den das Gebäude überragenden Baumkronen ein.

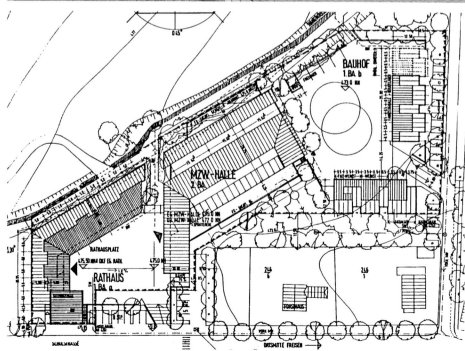

79
Seniorenzentrum Marpingen
Marpingen, Am Kirmesplatz 12

Bauherr:	Arbeiterwohlfahrt Landesverband Saarland e.V. Hohenzollernstraße 45, Saarbrücken
Planung:	1992–1993
Bauzeit:	1993–1994
Architekten:	Thomas Hepp und Norbert Zenner, Saarbrücken

1. Preis eines Architektenwettbewerbes

Am Rande der Talaue des Alsbaches bildet das Seniorenzentrum einen Teil der zentralen Ortsmitte, zu der u.a. die Post an der einen Seite und die alte Mühle mit Gehöft an der anderen Seite anschließen. Der eigenständige Baukörper mit klarer Vertikalgliederung, sich darin einfügender Eckbetonung und durchlaufenden Balkonen rückt geringfügig in die Talaue hinein, um mit seinem winkelförmigen Grundriß das ortstypische Motiv der Hofbildung aufnehmen zu können.

So korrespondiert er sehr stark mit dem benachbart liegenden Mühlengehöft, ebenfalls in Winkelform. Die Mühle selbst wird saniert und dient dann als Treffpunkt auch anderer Ortsbewohner. Das Ökonomiegebäude wurde in gleicher Proportion, Form und Gestalt erneuert. Es ergänzt das Seniorenzentrum mit der Möglichkeit des selbständigen Wohnens.

Die gesamte Anlage bildet das Modell eines zeitgemäßen Dienstleistungszentrums der Altenhilfe in einer ländlichen Gemeinde. Zeitgemäße Formen werden mit historischem Bestand verknüpft.

BDA-Preis 1995
„Eine sehr gut gelungene Integration eines selbstbewußten Neubaus in eine schwierige städtebauliche Situation mit historischer Umgebung.
Die Eingliederung der Altenhilfe in den Wohnort wird hervorragend unterstützt durch die Aufnahme des Maßstabes.
Die Baumassen sind so gegliedert, daß sie wohltuend niedrig erscheinen, und dennoch zeigen sie, ohne anpäßlerisch zu sein, daß sie von heute sind. Im inneren überrascht die helle, lichtdurchflutete räumliche Mitte, der die Gemeinschaftsräume zugeordnet sind.
Helligkeit und Großzügigkeit zeichnet auch die gut geführten Flure aus.
Der Hof öffnet sich zum Licht und verspricht eine besonders angenehme Atmosphäre. Das liegt nicht zuletzt an den auf das menschliche Maß bezogenen Proportionen.
Proportion im wörtlichen und übertragenen Sinne ist die herausragende Qualität dieser Wohnanlage. Gute Architektur ist mit einfachen, wirtschaftlich vertretbaren Mitteln realisiert."

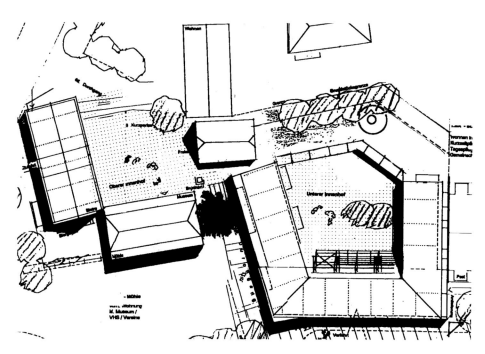

80
Rathaus Nohfelden
Nohfelden, An der Burg

Bauherr: Gemeinde Nohfelden

Planung: 1988–1989

Bauzeit: 1989–1991

Architekten: Norbert Köhl, St. Ingbert
Peter Gergen, Dillingen

Landschaftsarchitekten:
Peter Glaser und Ulrike Steffen, Homburg

1. Preis eines Architektenwettbewerbes

Das Grundstück liegt im Schnittpunkt der B 41 und des der Burg vorgelagerten Burgringes.
Das neue Rathaus ist innerhalb der Unterburg im Bereich des ersten Beringes deutlich vom Burgberg abgerückt, hält Abstand vom Amtsgericht, dem 1822 errichteten Amtshaus, und ermöglicht eine spätere Freilegung des Freisbaches. Der nur zweigeschossige Bau und sein Abstand vom Burgberg führten zu einer Verdeutlichung von beiden.
Zwischen Rathausneubau und Burgberg entsteht ein geschütztes Forum für Außenveranstaltungen. Es wird erschlossen von dem an der Straße liegenden Vorplatz mit den Eingängen ins Rathaus und in das alte Amtsgericht. Die Poller, die Fahrverkehr auf dem Vorplatz verhindern, folgen dem äußeren Bering.
Die Raumblöcke der Büroräume klaffen zum Eingang hin auseinander und geben großzügig Raum für Ausstellungen im voll verglasten Foyer im Erdgeschoß und dem Sitzungs- und Mehrzwecksaal im Obergeschoß, ebenfalls zum Forum und Vorplatz voll verglast und mit eigenem Zugang von außen für Veranstaltungen im Saal außerhalb der Dienstzeiten.
Wie der Baukörper selbst, so reagieren auch die Fassaden auf ihre Umgebung. Zum Burgberg hin steht eine Säulenreihe und dahinter die auskragende Brüstung im Obergeschoß plastisch vor der sonst verputzten Lochfassade, während die Seiten zum öffentlichen Raum hin anspruchsvoller gestaltet sind bei Andeutung der Säulenreihung im Forum. Nicht nur hierdurch, sondern auch durch die im Obergeschoß durchlaufenden Fensterbänder, die das Dach vom Baukörper optisch lösen, bleibt das Gebäude in sich schlüssig.

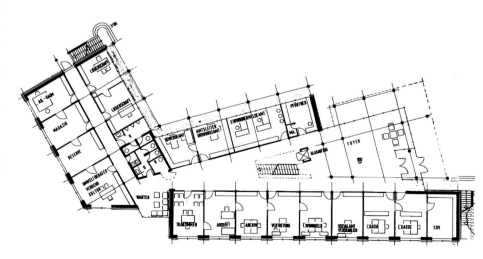

ANHANG

Bund Deutscher Architekten BDA
Landesverband Saarland e.V.

Vorstand

Vorsitzender:	Dipl.-Ing. **Norbert Zenner**	Architekt AKS-BDA	St. Johanner Markt 26 66111 Saarbrücken	
Geschäftsführer:	Dipl.-Ing. **Wolfgang Fery**	Architekt AKS-BDA	Prälat Subtil-Ring 1 66740 Saarlouis	
Stellvertretender Vorsitzender:	Dipl.-Ing. **Manfred Schaus**	Architekt AKS-BDA	Goldene-Au-Straße 12 66280 Sulzbach	
Beisitzer:	Dipl.-Ing. **Berthold Breidt**	Architekt AKS-BDA	Silberherzstraße 70 66740 Saarlouis	
	Dipl.-Ing. **Bernhard Focht**	Architekt AKS-BDA	Stockenbruch 4 66119 Saarbrücken	
	Dipl.-Ing. **Werner Huppert**	Architekt AKS-BDA	Bühlerstraße 111-113 66130 Saarbrücken	
Ordentliche Mitglieder:	Dipl.-Ing. **Siegbert Barth**	Architekt AKS-BDA	Buchenstraße 16 66679 Losheim	Tel.: 0 68 72/58 45 Fax: 0 86 72/8 82 14
	Dipl.-Ing. **Manfred Binger**	Architekt AKS-BDA	Jahnstraße 51 66292 Riegelsberg	Tel.: 0 68 06/40 81 Fax: 0 68 06/40 82
	Dipl.-Ing. **Rudolf Blatt**	Architekt AKS-BDA	Kaiserslauterer Str. 83 66123 Saarbrücken	Tel.: 06 81/6 80 83 Fax: 06 81/6 80 83
	Dipl.-Ing. **Berthold Breidt**	Architekt AKS-BDA	Silberherzstraße 20 66740 Saarlouis	Tel.: 0 68 31/4 19 17 Fax: 0 68 31/4 68 41
	Dipl.-Ing. **Wolfgang Ernst**	Architekt AKS-BDA	Primsstraße 49 66740 Saarlouis	Tel.: 0 68 31/4 96 76 Fax: 0 68 31/4 65 06
	Dipl.-Ing. **Wolfgang Fery**	Architekt AKS-BDA	Prälat Subtil-Ring 1 66740 Saarlouis	Tel.: 0 68 31/12 14 04 Fax: 0 68 31/12 14 05
	Prof. Dipl.-Ing. **Bernhard Focht**	Architekt AKS-BDA	Stockenbruch 4 66119 Saarbrücken	Tel.: 06 81/89 56 80 Fax: 06 81/98 56 8-10
	Dipl.-Ing. **Günter Follmar**	Architekt AKS-BDA	Probsteigasse 12 66117 Saarbrücken	Tel.: 06 81/5 79 54
	Dipl.-Ing. **Gerhard Freese**	Architekt AKS-BDA	Kohlweg 37 66123 Saarbrücken	Tel.: 06 81/3 76 33 10 Fax: 06 81/3 17 04
	Dipl.-Ing. **Henning Freese**	Architekt AKS-BDA	Hochstraße 91 66 115 Saarbrücken	Tel.: 06 81/9 92 00 Fax: 06 81/99 20-2 79
	Dipl.-Ing. **Paul Gard**	Architekt AKS-BDA	St. Annen-Str. 18 66606 St. Wendel	Tel.: 0 68 51/50 81 Fax: 0 68 51/8 31 75
	Dipl.-Ing. **Heinrich Gellenberg**	Architekt AKS-BDA	Leidinger Str. 1 66763 Dillingen	Tel.: 0 68 31/7 36 70 Fax: 0 68 31/70 47 51

Ordentliche Mitglieder:

Dipl.-Ing. **Peter Gergen**	Architekt AKS-BDA	Dieselstraße 1 66763 Dillingen	Tel.: 0 68 31/7 22 11 Fax: 0 68 31/70 30 90
Dipl.-Ing. **Walter Gill**	Architekt AKS-BDA	St. Avolder Str. 45 66740 Saarlouis	Tel.: 0 68 31/34 33 35 Fax: 0 68 31/4 80 34
Dipl.-Ing. **Walter Göggelmann**	Architekt AKS-BDA	Augustiner Str. 12 66 119 Saarbrücken	Tel.: 06 81/85 15 31 Fax: 06 81/85 48 71
Dr.-Ing. **Karl Hanus**	Architekt AKS-BDA	Kavalleriestraße 18 66740 Saarlouis	Tel.: 0 68 31/25 03 Fax: 0 68 31/48 01 81
Dipl.-Ing. **Thomas Hepp**	Architekt AKS-BDA	St. Johanner Markt 26 66111 Saarbrücken	Tel.: 06 81/39 77 83 Fax: 06 81/39 77 14
Dipl.-Ing. **Andreas Hoefer**	Architekt AKS-BDA	Dolomitenweg 19 66119 Saarbrücken	Tel.: 06 81/5 70 05 Fax: 06 81/5 48 83
Dipl.-Ing. **Klaus Hoffmann**	Architekt AKS-BDA	Graf-Werner-Str. 3 66740 Saarlouis	Tel.: 0 68 31/22 01
Dipl.-Ing. **Herbert Huppert**	Architekt AKS-BDA	Bühler Straße 113 66130 Saarbrücken	Tel.: 06 81/87 20 87 Fax: 06 81/87 20 89
Dipl.-Ing. **Werner Huppert**	Architekt AKS-BDA	Bühlerstraße 111–113 66130 Saarbrücken	Tel.: 06 81/87 20 80 Fax: 06 81/87 20 89
Dipl.-Ing. **Erwin Johann**	Architekt AKS-BDA	St. Annen-Straße 9 66606 St. Wendel	Tel.: 0 68 51/30 59/50 Fax: 0 68 51/43 09
Dipl.-Ing. **Norbert Köhl**	Architekt AKS-BDA	Josefstaler Str. 11 66386 St. Ingbert	Tel.: 0 68 94/46 80 Fax: 0 68 94/3 60 84
Dipl.-Ing. **Elmar Kraemer**	Architekt AKS-BDA	Brentanostraße 2 66111 Saarbrücken	Tel.: 06 81/3 70 51 Fax: 06 81/37 29 97
Dipl.-Ing. **Helmut Kreutzer**	Architekt AKS-BDA	Waldstraße 13 66121 Saarbrücken	Tel.: 06 81/89 49 75
Dipl.-Ing. **Klaus Krüger**	Architekt AKS-BDA	Reppersbergstraße 37 66119 Saarbrücken	Tel.: 06 81/9 54 32-0 Fax: 06 81/9 54 32-11
Dipl.-Ing. **Kurt Kühnen**	Architekt AKS-BDA	Lindenstraße 15 66663 Merzig	Tel.: 0 68 61/58 24 Fax: 0 68 61/7 53 01
Dipl.-Ing. **Tibor Kugelmann**	Architekt AKS-BDA	Kaiserslauterner Str. 63 66123 Saarbrücken	Tel.: 06 81/6 80 82 Fax: 06 81/6 80 84
Dipl.-Ing. **Wolfgang Lorch**	Architekt AKS-BDA	Dolomitenweg 19 66119 Saarbrücken	Tel.: 06 81/5 70 05 Fax: 06 81/5 48 83
Dipl.-Ing. **Wolfgang Maass**	Architekt AKS-BDA	Silberherzstraße 20 66740 Saarlouis	Tel.: 0 86 31/4 19 17 Fax: 0 68 31/4 68 41
Dipl.-Ing. **Hans Porn**	Architekt AKS-BDA	Eulenweg 7 66740 Saarlouis	Tel.: 0 68 31/4 10 21

Ordentliche Mitglieder:	Dipl.-Ing. **Lutz Rieger**	Architekt AKS-BDA	Auf dem Kohlberg 16 66133 Saarbrücken	Tel.: 06 81/9 54 32 10 Fax: 06 81/9 54 32 11
	Prof. Dipl.-Ing. **Hans Rollmann**	Architekt AKS-BDA	Waldhausweg 14 66123 Saarbrücken	Tel.: 06 81/3 90 54 81 Fax: 06 81/37 64 79
	Dipl.-Ing. **Manfred Schaus**	Architekt AKS-BDA	Goldene-Au-Straße 12 66280 Sulzbach	Tel.: 0 68 97/40 65 Fax: 0 68 97/5 51 05
	Dipl.-Ing. **Elmar Scherer**	Architekt AKS-BDA	Am Steinbruch 24 66125 Dudweiler	Tel.: 0 68 97/7 50 61 Fax: 0 68 97/76 42 48
	Dipl.-Ing. **Konny Schmitz**	Architekt AKS-BDA	Merziger Straße 68 66763 Dillingen	Tel.: 0 68 31/70 70 Fax: 0 68 31/70 70 13
	Dipl.-Ing. **Hanns Schönecker**	Architekt AKS-BDA	Karlstraße 18 66386 St. Ingbert	Tel.: 0 68 94/24 67 Fax: 0 68 94/
	Dipl.-Ing. **Hans Thomas Stolpe**	Architekt AKS-BDA	Fürstenstraße 1A 66111 Saarbrücken	Tel.: 06 81/3 92 19 Fax: 06 81/39 00 05
	Dipl.-Ing. **Miroslav Volf**	Architekt AKS-BDA	Lessingstraße 28 66121 Saarbrücken	Tel.: 06 81/6 17 23 Fax: 06 81/6 45 05
	Dipl.-Ing. **Josef v. Waldbott**	Architekt AKS-BDA	Charlottenstraße 2 66119 Saarbrücken	Tel.: 06 81/58 59 35 Fax: 06 81/58 59 35
	Dipl.-Ing. **Andrea Wandel**	Architekt AKS-BDA	Dolomitenweg 19 66119 Saarbrücken	Tel.: 06 81/5 70 05 Fax: 06 81/5 48 83
	Dipl.-Ing. **Hubertus Wandel**	Architekt AKS-BDA	Dolomitenweg 19 66119 Saarbrücken	Tel.: 06 81/5 70 05 Fax: 06 81/5 48 83
	Dr.-Ing. **Rena Wandel-Hoefer**	Architekt AKS-BDA	Dolomitenweg 19 66119 Saarbrücken	Tel.: 06 81/5 70 05 Fax: 06 81/5 48 83
	Dipl.-Ing. **Norbert Zenner**	Architekt AKS-BDA	St. Johanner Markt 26 66111 Saarbrücken	Tel.: 06 81/39 77 83 Fax: 06 81/39 77 14
	Dipl.-Ing. **Kurt Ziegert**	Architekt AKS-BDA	Titzstraße 5 66740 Saarlouis	Tel.: 0 68 31/35 26 Fax: 0 68 31/49 12 93
Außerordentliche Mitglieder:	Dipl.-Ing. **Peter Lüth**	Architekt AKS-BDA	Poststraße 9 66388 St. Ingbert	Tel.: 0 68 94/45 64
	Dipl.-Ing. **Friedrich Lutz**	Architekt BDA	Hallesche Straße 24 66121 Saarbrücken	Tel.: 06 81/81 24 69
	Dipl.-Ing. **Alois Peitz**	Architekt BDA	Hofgartenstraße 28 54338 Schweich	Tel.: 0 65 02/29 79
	Dipl.-Ing. **Uwe Seidel**	Architekt AKS-BDA	Daimlerstraße 29 66123 Saarbrücken Privat	Tel.: 06 81/9 48 07-10 Fax: 06 81/9 48 07-30 Tel.: 06 81/3 90 83 93
	Prof. Dipl.-Ing. **Horst Wagner**	Architekt AKS-BDA	Im Königsfeld 50 66130 Saarbrücken	Tel.: 06 81/75 90

Verzeichnis der Architekten und Künstler

Allington, Edward 54
Barth, Siegbert 34
Bauer, Werner 21, 26, 46
Baur, Hans Bert 24
Bernhard, Franz 100, 101
Bigi, Ronaldo 66
Böhm, Gottfried 10
Breidt, Berthold 106, 108, 110, 114, 118
Enzweiler, Jo 104
Erb, Leo 16, 103, 104
Ermel, Horst 16
Evers, Burkhard 16
Federkeil, Isabelle 160
Fery, Wolfgang 18, 112, 116, 126
Fisar, Jan 136
Fischli, Peter 54
Focht, Bernhard 24, 26, 44, 56, 66,
.... 68, 72, 78, 86, 98, 136, 160
Fontaine, Viktor 104
Fritsch, Katharina 54
Fuchs, Fritz 102, 103
Gard, Paul 148
Gergen, Peter 22, 164
Gerkan, Meinhard von 50
Glaser, Peter 164
Gruber, Thomas 40
Grund, Harald 44
Hanus, Karl 21, 104, 115, 120, 142
Hauberisser, Georg 13
Heiken, Ulrich 48
Hepp, Thomas 122, 148, 162
Hiery, Oswald 14, 86, 106
Hoefer, Andreas 36, 46, 82
Horinek, Leopold 16
Hrankovicova, Katharina 71, 84, 88
Huppert, Herbert 28, 29, 64, 74,
.... 76, 88, 98, 138
Huppert, Werner 28, 29, 64, 74,
.... 76, 88, 98, 138
Jockgrim, Franz Bernhard 102, 103
Jourdan, Jochen 54
Juncker, Hermann 142
Killguss, Eberhard 128
Köhl, Norbert 22, 164
König, Kasper 54
Kolling, Dietmar 70
Kornbrust, Leo 44, 72, 73, 78
Kraemer, Elmar 13, 60

Kramer, Lukas 24, 40, 56, 72, 73, 86, 96
Krüger, Klaus 10, 48, 58, 62, 94, 102, 132
Kühnen, Kurt 128, 130, 134
Kugelmann, Tibor 34, 38
Lafontaine, Ingrid 136
Laros, Peter 13
Legrum, Alois 63
Leinenbach, Michael 150, 152
Leiner, Annegret 40, 128
Lorch, Wolfgang 36, 46, 82
Maass, Josef 150, 152
Maass, Wolfgang 106, 108, 110, 114, 118
Marg, Volkwin 50
Pingusson, Gustave Henri 24
Rieger, Lutz 10, 48, 58, 62, 94, 102, 132
Rosiny, Nikolaus 10
Roubicek, René 30, 56, 78, 86
Rozsypal, Iro 136
Rybak, Jaromir 136
Sabokova, Gizela 136
Schaus, Manfred 30, 32, 90, 92,
.... 144, 146, 154, 156
Scherer, Elmar 14, 80
Schley, Frank 63
Schneider, Paul 24, 26, 78, 142
Schütte, Thomas 54
Schuller, Brigitte 40
Schwarz-Paqué, Walter 58
Seeberger, Peter Paul 28
Simanek, Ivo 86
Steffen, Ulrike 164
Stolpe, Hans-Thomas 20, 98
Striffler, Helmut 102
Trageser, Dieter 52
Vogel, Peter 16
Volf, Miroslav 12, 42, 71, 84, 88
Wagner, Horst 52
Walter, Wolfgang 102
Wandel, Andrea 36, 46, 82
Wandel, Hubertus 36, 40, 46, 82
Wandel-Hoefer, Rena 36, 46, 82
Weber, Lutz 16
Weiss, David 54
Willikens, Ben 38
Winner, Gerd 44, 78
Wojciechowicz, Thomas 94
Zech, Dorothea 40
Zenner, Norbert 122, 148, 162

Verzeichnis der Bauten nach Kategorien

Kirchen: 62, 66
Gemeindezentren: 15, 42
Schlösser, Burgen, Herrensitze: . . . 1, 67, 68, 69
Verwaltungsbauten: 17, 18, 19, 21,
. . . . 31, 48, 56, 63
Rathäuser: 3, 43, 44, 78, 80
Kommunale Einrichtungen: 13, 20, 32, 41,
. . . . 76, 78
Kulturelle Einrichtungen: 2, 45
Sportstätten: 14, 41, 53, 77
Universitätsbauten: 4, 5, 6, 7
Schulen: 10, 11, 12, 71
Ausbildungsstätten: 8, 9, 37
Kindergärten: 42, 54, 55, 73
Bankgebäude: 22, 51, 64, 70
Geschäftshäuser: 16, 23, 24, 30,
. . . . 34, 56, 59
Technische Bauten
und Industriebauten: 25, 26, 27, 36,
. . . . 49, 50, 65
Gaststätten: 28, 29, 35, 57
Wohnbauten: 38, 39, 40, 46, 47,
. . . . 59, 61, 72, 74, 75
Wohnanlagen: 32, 33, 58, 60
Altenheime: 79

Bildnachweis

Georg Becker 43
Becker/Bredel 47
Thomas Gundelwein 54
Robert Häusser 102
Gerhard Heisler . . . . 30, 40 u., 41 u.
Fritz Hoffmeister 100
Peter Lange 36, 37
Dieter Leistner 99
Nanna Lüth 29, 74, 75, 76,
. . . . 77, 138, 139
Merkel 78
Toni Ney . . . . 19, 22, 25, 40 o.,
. . . . 41 o., 138
Gottfried Planck 66, 72, 73
Michael Prechtl 70
Werner Schackmann 129
Jens Weber 17
Klaus Winkler 13, 58, 59
Michael Wortmann 50

Die restlichen Fotos wurden von den
Architekturbüros angefertigt bzw. von den
Bauherren zur Verfügung gestellt.

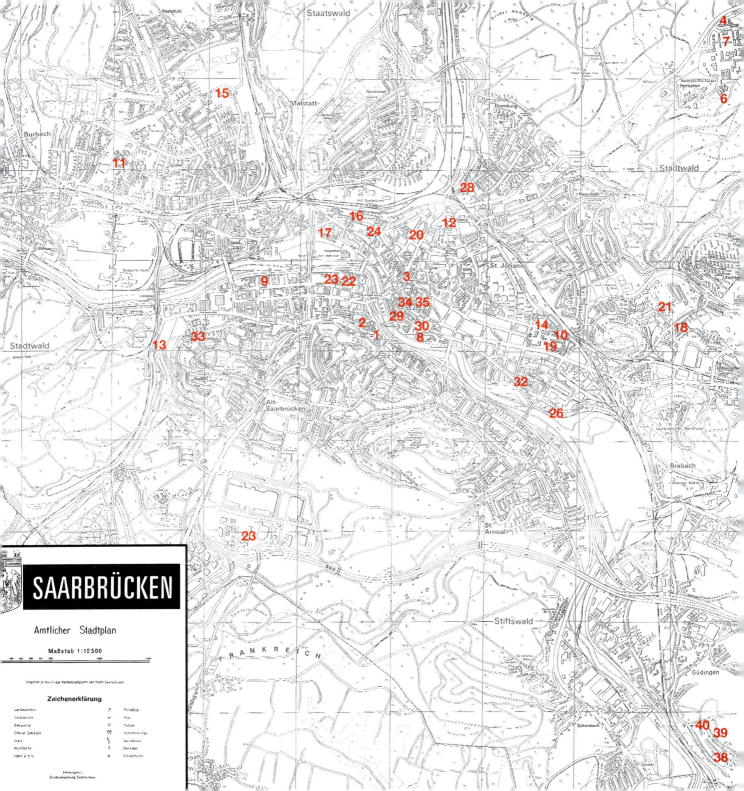

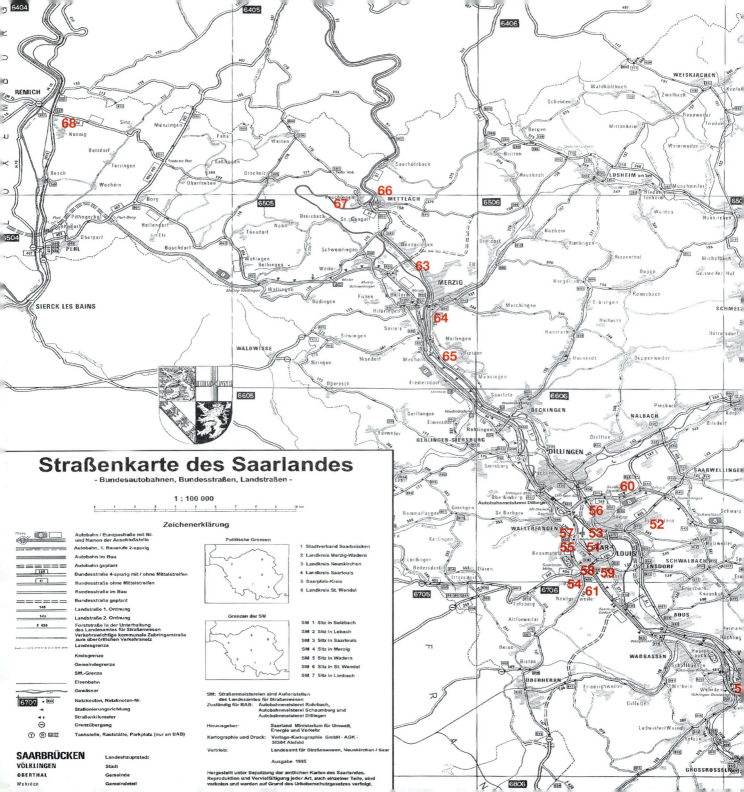